数字时代的生活者研究

数字生活空间中对人的重新审视与学术反思

陈 刚 主编
宋玉玉 著

北京大学出版社
PEKING UNIVERSITY PRESS

图书在版编目(CIP)数据

数字时代的生活者研究：数字生活空间中对人的重新审视与学术反思 / 陈刚主编；宋玉玉著 . — 北京：北京大学出版社，2024.2
（北京大学广告学丛书）
ISBN 978-7-301-34030-1

Ⅰ．①数… Ⅱ．①陈… ②宋… Ⅲ．①数字技术－应用－传播学－研究 Ⅳ．① G206-39

中国国家版本馆 CIP 数据核字 (2023) 第 091818 号

书　　名	数字时代的生活者研究：数字生活空间中对人的重新审视与学术反思 SHUZI SHIDAI DE SHENGHUO ZHE YANJIU: SHUZI SHENGHUO KONGJIAN ZHONG DUI REN DE CHONGXIN SHENSHI YU XUESHU FANSI
著作责任者	陈刚　主编　宋玉玉　著
出版统筹	董婧
责任编辑	李书雅
标准书号	ISBN 978-7-301-34030-1
出版发行	北京大学出版社
地　　址	北京市海淀区成府路205号　100871
网　　址	http://www.pup.cn　新浪微博：@北京大学出版社 @阅读培文
电子邮箱	编辑部 pkupw@pup.cn　总编室 zpup@pup.cn
电　　话	邮购部 010-62752015　发行部 010-62750672　编辑部 010-62750112
印　刷　者	天津联城印刷有限公司
经　销　者	新华书店
	660 毫米 × 960 毫米　16 开本　14.25 印张　181 千字 2024 年 2 月第 1 版　2024 年 2 月第 1 次印刷
定　　价	69.00元

未经许可，不得以任何方式复制或抄袭本书之部分或全部内容。
版权所有，侵权必究
举报电话：010-62752024　电子信箱：fd@pup.cn
图书如有印装质量问题，请与出版部联系，电话：010-62756370

目录

第一章 "生活者"概念的溯源与嬗变 ……………………… 001

**第一节 西方话语体系中"生活者"思想的萌芽
（19世纪40年代）**…… 002

一、马克思一直重视研究人的问题 / 002

二、马克思与恩格斯的"生活者"思想 / 005

三、生活原点哲学化：将人的存在归结为人的生活 / 007

**第二节 东方话语体系中"生活者"概念的问世
（20世纪60年代）**…… 008

一、日本生活者运动产生的缘起 / 008

二、生活者运动的推动力量和所关注的问题 / 013

三、"生活者"概念的正式提出 / 015

**第三节 大众传播环境中"生活者"概念的布道
（1981—2002年）**…… 017

一、博报堂关于"生活者"概念的阐释 / 017

二、从"生活主体"的意义视角来理解人类 / 020

三、"生活者"理念与品牌理论的布道者 / 022

第四节　数字传播环境中"生活者"概念的演变
　　　　（2002—迄今）…… 026
　　一、数字时代"生活者"概念的提出背景 / 026
　　二、"生活者"：一个发展中的概念 / 031
　　三、数字时代"生活者"内涵新探 / 033
　　四、数字时代"生活者"研究的进展与空白 / 035

第二章　概念的混用与话语的纠缠 ……………………………………… 037

第一节　"生活者"概念与相关概念的纠缠 …… 037
第二节　揭开"迷雾"：概念适用性的场景和环境 …… 040
　　一、"受众"：大众传播时代信息的接受者 / 040
　　二、"消费者"：具有单维度经济属性的群体 / 047
　　三、"用户"：互联网平台上无血无肉的个体 / 050
　　四、"公众"：代表特定利益的群体力量 / 053
　　五、"生活者"：数字生活空间中鲜活的个人 / 054

第三节　廓清"异同"：相关概念的交融对比 …… 058
　　一、内涵：解构概念的三重属性 / 058
　　二、外延：辨析概念的内在关系 / 060
　　三、概念间的共通性 / 062
　　四、概念间的差异性 / 064

第四节　数字时代"生活者"概念的适恰性逻辑 …… 066
　　一、"数字时代"的缘起 / 066
　　二、"自由向前"主体自觉的显现 / 071
　　三、数字传播环境中"生活者"概念的适恰性 / 074

第三章　源于实践：创意传播管理及"生活者"概念的选择 …………077

第一节　理论研究与现实实践的关联性及理论闭环的形成 …… 077
一、何为理论：一个正本清源的问题 / 077
二、"源头"：理论源于实践 / 080
三、"抽象化与预测力"：理论超于现实 / 083
四、"反哺"：理论回归实践 / 086

第二节　数字时代"生活者"研究的新视角 …… 089
一、创意传播管理理论族群溯源 / 089
二、理论自觉与新分析框架的突破 / 092
三、创意传播管理选择"生活者"概念的缘由 / 097
四、技术替代式变革与概念的提出 / 101

第三节　数字时代的"生活者"特点洞悉 …… 103
一、真实性与数据化：ID背后真实且数据化的个体 / 103
二、个体性与规模化：实现超级规模化的人际传播 / 107
三、互动性与理性化：呈现出一种更高程度的回归 / 110

第四章　学理建构：一种对传播对象研究的新视角 ……………… 115

第一节　微观层面：技术赋权下传播对象角色与权利的转向 …… 115
一、技术赋权的内涵解读 / 115
二、"多重"角色的返璞 / 118
三、赋权与去权的博弈 / 124
四、"生活者"角色与权利的建构 / 135

第二节　中观层面："生活者"概念对于理论建构的作用 …… 139
　　一、概念转变的两种类型："同化"与"顺应" / 139
　　二、概念是理论建构的基石 / 141
　　三、"生活者"与创意传播管理理论的发展 / 143

第三节　宏观层面：学科研究范式转向与话语体系建构 …… 145
　　一、"必要的张力"与库恩理论的启发 / 145
　　二、传播领域的转向：从"受众"到"生活者" / 150
　　三、营销领域的转向：从"消费者"到"生活者" / 152
　　四、"生活者"与传播学概念体系建构 / 153

第五章　回归现实：打破概念僵硬的自我封闭性 …… 155

第一节　"生活者"与数字营销商业模式实践转型 …… 156
　　一、数字营销发展现状与转型动因 / 156
　　二、重新认识与挖掘"生活者"价值 / 166
　　三、"生活者"与数字营销的耦合关系 / 170

第二节　数字转型实践路径一：思维转型与"生活者"
　　　　协同共创 …… 173
　　一、数字营销思维观念变革的必要性 / 173
　　二、数字技术助力"生活者"协同共创 / 175
　　三、协同创意：从"使用者"到"参与设计者" / 176
　　四、协同生产："批量化与个性化"的定制 / 182

第三节　数字转型实践路径二：运营转型与"生活者"
　　　　精准沟通 …… 187
　　一、数据标签与"生活者画像" / 187

二、"生活者画像"背后的技术逻辑 / 190
　　三、"生活者"精细化运营成为重要研究课题 / 202

　第四节　数字转型实践路径三：
　　　　　数字资产与"生活者数据库"建设 …… 205
　　一、"生活者数据库"的价值所在 / 205
　　二、资产沉淀："生活者"数字资产的沉淀 / 208
　　三、深度耕耘："生活者数据库"的深耕优化 / 210
　　四、未来展望：从"生活者数据库"到"超级数据库" / 211

后　记 ……………………………………………………… 215

第一章 "生活者"概念的溯源与嬗变

科学史家与科学哲学家托马斯·库恩（Thomas S. Kuhn）认为："科学革命[1]就是科学家据以观察世界的概念网络的变更……接受新范式，常常需要重新定义相应的科学……界定正当问题、概念和解释的标准一旦发生变化，整个学科都会随之转变。"[2]传播学科中数字营销传播领域"生活者"概念的出现，正是库恩笔下所提及的观察世界的概念网络的变更，而概念本身又是理论体系中的核心组成部分，"理论建构需要起点，以时空关系为框架进行概念溯源和现实定位势在必行"[3]。对于"生活者"概念的历史溯源与现实定位，实际上是从"纵向空间"和"横向空间"对其进行时空化与立体化解读。在本章中，笔者主要运用概念史的研究方法，研究的聚焦点在于对纵向空间中的

---

[1] 此处库恩所提及的"科学革命"具体是指某些科学术语发生意义变革的事件。
[2] 〔美〕托马斯·库恩：《科学革命的结构》，金吾伦、胡新和译，北京大学出版社，2003，第94—97页。
[3] 孔祥军：《精品新闻学：理论建构与媒体运行》，新华出版社，2008，第1页。

"生活者"进行概念溯源,并在此基础上对概念嬗变背后的逻辑进行更深层次的反思。

第一节 西方话语体系中"生活者"思想的萌芽（19世纪40年代）

一、马克思一直重视研究人的问题

纵观马克思的思想发展史,在马克思的众多经典著作中不难发现马克思一直重视研究"人的问题"。青年时期的马克思在其博士论文《德谟克利特的自然哲学和伊壁鸠鲁自然哲学的差别》中,深受黑格尔的影响,对人的主体能动性即"自我意识"进行了关注与反思；在《1844年经济学哲学手稿》(简称"巴黎手稿")中,马克思本人对资本主义制度以及法国的工人运动进行实地考察后,从人的现实存在的角度出发对"理性抽象的人"进行批评,在这部手稿中马克思所追问的问题是人的本质问题,即"人是什么"的问题[1]；《资本论》是马克思倾其毕生心血写成的鸿篇巨制,它"不仅是政治经济学的巨著,而且是关于人的学说的巨著"[2]；在《关于费尔巴哈的提纲》中,马克思通过对费尔巴哈直观唯物主义所持有的"人的本质"观点进行批判的基础上,阐明了其对人的本质的理解与洞见,认为人的本质在其现实性上是一切社会关系的总和；在《〈黑格尔法哲学批判〉导言》中,马克

---

[1] 〔日〕岩佐茂:《马克思的"生活者"思想》,邹皓丹译,《国外理论动态》2014年第7期。
[2] 范学德:《资本主义与人的发展——〈资本论〉学习笔记》,《理论月刊》1987年第6期。

思以"现实的人"为逻辑思考与运思的起点,在批评宗教和政治问题的基础上,提出了人类解放的路径,即社会革命需要解放与依靠无产阶级实现;在马克思所撰写的《哲学的贫困》这本著作中,马克思从历史唯物主义的视域出发,提出人既是剧作者又是剧中人,强调"现实的人"是在特定的历史条件下活动,同时也是历史的创造者;在《德意志意识形态》中,马克思与恩格斯通过"生产"将"动物"与"人"进行了本质上的区分,从社会生产的角度对"现实的人"进行了认知把握与深层观照。括而言之,从马克思青年时期的博士论文到标志着马克思主义哲学成熟的巨著《德意志意识形态》,再到工人阶级的圣经《资本论》,马克思对于"人的问题"的研究始终贯穿于其研究思想中,对人的观照有温度且有力量。

古典哲学的集大成者黑格尔思辨哲学意义下的"理性人",费尔巴哈人本学与自然哲学概念下由理性、意志与心所构成的"抽象的人"以及施蒂纳崇尚利己主义的"唯一者"的思想,皆为马克思提供了对"人"理解的多元化哲学视域。实际上,黑格尔、费尔巴哈、施蒂纳等研究者之间存在观点上的分歧,甚至可以说是某种程度的对立,譬如施蒂纳曾经言辞激烈地批判费尔巴哈所提出的"抽象的人"以及费尔巴哈人本学在历史观上的唯心主义的倾向,甚至反驳性地指出费尔巴哈是将人本学的研究上升到了神学领域,是"褪去旧宗教外衣披上新宗教的蛇皮"的蛊惑与蒙蔽人心的做法。

马克思对于"人的问题"的研究是在批判性地继承和反思黑格尔、费尔巴哈、施蒂纳等人思想的基础上逐渐推进与深化的,与此同时马克思又从黑格尔、费尔巴哈、施蒂纳等人对"人的问题"研究的基础上"跳出来",最终回归到对"现实的人"的查究与观照,这一点在

《德意志意识形态》中体现得尤为明显。

马克思认为："人的本质不是单个人所固有的抽象物。"[1]"人不是抽象的人，而是具体的人，是生活在一定社会条件下的社会的人。人离开动物界，真正成为人类，是由于劳动造成的，因而劳动是人的本质，是真正的人性。"[2]这实际上正是马克思对人到底是怎样的人以及人的本质问题的回答。然而，伴随着人类社会的发展，"原始社会的人的劳动除了能供给自己生活之外，还能有些剩余，这就是马克思所说的剩余劳动。在这样的情况下，人的价值被发现了：在掠夺中俘虏来的人，不再杀掉、吃掉，而是放在家庭中与家庭成员一起劳动，从而有了家内奴隶，这就是第一个私有制社会——奴隶制社会的起源，由此进入阶级社会"[3]。对剩余劳动、剩余价值以及阶级社会的研究，则是马克思在对"现实的人"的深入认知基础上，所提出的卓有洞见且对此后世界经济社会发展产生重要影响力的思想。

综上所述，马克思主义社会理论不仅深刻地揭示出人类的劳动与物质生产生活是人类社会变革的力量这一历史发展重要规律，与此同时，马克思指出人民群众在历史中的主体地位与重要性。正如研究者们所普遍认为的，马克思主义本身是"最具实践性、人民性和革命性的科学"，而马克思主义社会理论的问世使得"无产阶级和劳动人民的精神状态实现了由被动走向主动、由自在走向自为的伟大转变"[4]。因

---

[1]〔德〕马克思、恩格斯：《马克思恩格斯文集（第1卷）》，中共中央马克思恩格斯列宁斯大林著作编译局编译，人民出版社，2009，第501页。
[2]漆侠：《历史研究法》，河北大学出版社，2003，第90页。
[3]同上书，第90—91页。
[4]谢伏瞻：《马克思主义是不断发展的理论——纪念马克思诞辰200周年》，《中国社会科学》2018年第5期。

此，马克思对于劳动人民精神状态的关怀体恤，对"现实的人"的主动性的认知以及对人的本质的阐释，某种程度上为"生活者"概念的萌芽与提出奠定了理论基础。

二、马克思与恩格斯的"生活者"思想

近两个世纪以来，"生活者"概念经历了从萌芽到发展的漫长演变过程。通过岩佐茂[1]有关马克思的"生活者"思想的研究，以及宋玉玉[2]关于"生活者"概念的发展嬗变与反思的相关研究，可以进一步印证，"生活者"研究的发轫期始于马克思和恩格斯的"生活者"思想。如何理解马克思与恩格斯的"生活者"思想？"生活者"思想的起源与背景又是怎样的？这是本小节所要解决的主要问题。

追根溯源发现，岩佐茂曾经在《国外理论动态》上发表了题为《马克思的"生活者"思想》文章。文中明确提出："虽然马克思并没有明确'生活者'的范畴，但是他从年轻时起就一直重视'生活''生活活动''生活过程''生活关系'等概念。这些概念的主体即活着的人、生活者。"[3]此后，这篇文章逐渐被越来越多研究马克思主义思想的学者广泛认同与引用。的确如此，在马克思与恩格斯的一系列经典著作中，马克思并未直接提出"生活者"的概念，但是他却提出了与"生活者"相关的政治经济学的概念与术语，对于人、生活和生活关系的研究可以被视为"生活者"概念提出的酝酿阶段。

---

[1] 〔日〕岩佐茂：《马克思的"生活者"思想》，邹皓丹译，《国外理论动态》2014年第7期。
[2] 宋玉玉：《生活者概念的发展嬗变与反思——从马克思的"生活者"思想到数字生活空间的"生活者"》，《广告大观（理论版）》2018年第2期。
[3] 〔日〕岩佐茂：《马克思的"生活者"思想》，邹皓丹译，《国外理论动态》2014年第7期。

笔者认为，马克思对于"现实的人"的考究，某种程度上可以被视为"生活者"概念提出的雏形，"现实的人"是马克思唯物史观的出发点。在马克思与恩格斯所著的《德意志意识形态》中，曾系统性阐释了历史唯物主义的基本原理，与此同时在其中已经明确提出"现实的人"的概念，并认为"现实的人"是从事活动的、进行物质生产的人，是"在一定的物质的、不受他们任意支配的界限、前提和条件下"活动着的人。[1]对于"现实的人"的理解，本书所持有的观点认为需要把"现实的人"放在人类的物质生产实践活动中来理解，而对"生活者"的理解同样也需要放在人类的实践活动中来进行解读。

"生活者"思想的萌芽，是马克思与恩格斯在考察人类社会历史发展的过程中逐渐显露出来的。考察"生活者"思想的起源，需要从马克思与恩格斯他们的个人角度和社会背景角度这两个维度进行解析。一方面，从个人角度分析，马克思与恩格斯从青年时起就一直关注"生活"和"生活活动"等相关术语，这些概念的主体都是活着的人，即"生活者"；另一方面，从社会角度分析，在19世纪40年代，德国深受封建专制统治而出现四分五裂的局面，以黑格尔为代表的古典哲学兴起并一度统治了德国思想界，此时期的马克思被迫流亡并开始关注社会现实与人的问题，酝酿了早期活着的"生活者"的思想。[2]简而言之，马克思与恩格斯所生活的社会年代与社会大背景以及二人自身对现实社会敏锐的思考，共同决定了其对"人的问题"的社会观照，

---

[1]〔德〕马克思、恩格斯：《马克思恩格斯文集（第1卷）》，中共中央马克思恩格斯列宁斯大林著作编译局编译，第524页。
[2] 宋玉玉：《生活者概念的发展嬗变与反思——从马克思的"生活者"思想到数字生活空间的"生活者"》，《广告大观（理论版）》2018年第2期。

对"生活""生活活动""生活关系"与"现实的人"的理性思考。

三、生活原点哲学化：将人的存在归结为人的生活

从表层来看，马克思对于人的理解是认为人是生活在一定社会条件下的社会人。从更深层面进行剖析，不难发现马克思是将"人的存在"归结为人的生活，是将人的生活原点哲学化。

传统的形而上学在对待"人的存在"这一问题时，往往存在两种解释路径：一种是仅仅从"人之外"的角度来寻求人存在的基础，另一种则是从"人之内"的视角来考究人所存在的依据。这种"内外二分"的解释路径，并未将人放在现实的生活中去看待与考量，而是站在旁观者的位置与角度上去观察人。然而，囿于单一的路径去解释"人的存在"的思想显然存在研究视域上的局限性。马克思则是突破传统形而上学的局限性，从"现实的人"的角度或者说是从"人本身"的角度出发，来消解"人之内"与"人之外"二者所存在的研究视域上的壁垒，坚持"内外统一"的原则，甚至有学者曾经坚定地认为，马克思关于"人的存在"问题的研究完成了在"人的存在"问题上的"哥白尼革命"。如此之高的评价，是对于马克思将人的生活原点哲学化以及马克思对"人的存在"问题的历史性变革的极大肯定。

针对"人的存在"这一问题，马克思认为"人的存在"不能归结为抽象的"自然物质实体"，亦不能将"人的存在"还原为抽象的"精神实体"，而是必须超越抽象的主客对立性回归到生活的原点，将"人的存在"归结为"人的生活"。马克思对于人的生活的观照，正是马克思"生活者"思想酝酿萌芽的源头。马克思在《关于费尔巴哈的提纲》开头第一句话中提及："从前的一切唯物主义（包括费尔巴哈的唯物主

义）的主要缺点是：对对象、现实、感性，只是从客体的或者直观的形式去理解，而不是把它们当作感性的人的活动，当作实践去理解，不是从主体方面去理解。"[1]从马克思对于"人"的阐释中，可以进一步解读出"人的存在"是在实践的过程中生成的，实践的过程正是人真真实实生活的过程。由此可见，人在现实生活中的一切范畴，都是在人的实践过程中逐渐生成的。

第二节 东方话语体系中"生活者"概念的问世（20世纪60年代）

一、日本生活者运动产生的缘起

在国际概念体系中，"生活者"概念经历了从19世纪40年代西方话语体系中概念的酝酿与萌芽阶段，直到20世纪60年代"生活者"概念在东方话语体系中被正式提出，在这一过程中，日本生活者运动的出现与爆发起到至关重要的推动作用。日本生活者运动是基于一定的社会大背景下社会矛盾与生活矛盾激化的产物。第二次世界大战以后，日本在经历了战后经济萧条与重建后，征服与改造自然的能力以及整个日本社会的生产力极大提高，并逐渐于20世纪60年代走上了以政治

---

[1] 早在1845年春天，27岁的马克思在布鲁塞尔写成了批判费尔巴哈的11条提纲（原题为《关于费尔巴哈》），此内容在马克思生前并未进行发表。到1888年，恩格斯在《路德维希·费尔巴哈和德国古典哲学的终结》的序言中称马克思的《关于费尔巴哈》这个文件为《关于费尔巴哈的提纲》，并作为该书的附录首次发表。而上文所引用的这段文字正是《关于费尔巴哈的提纲》中所列的11条提纲中的第1条提纲。转引自〔德〕恩格斯：《路德维希·费尔巴哈和德国古典哲学的终结》，中共中央马克思恩格斯列宁斯大林著作编译局编译，人民出版社，2018，第59页。

手段来保证经济发展的道路，日本的消费经济逐步复苏且消费观念出现转向的迹象，开始出现从禁欲节俭与从众化的消费观向理性消费观转变的趋势。

在1950年至1973年的二十余年间，日本国民生产总值占资本主义世界的比重出现雨后春笋般的增长态势。根据历史数据记载：1950年日本国民生产总值占资本主义世界的比重仅有1.5%，到1973年日本国民生产总值占资本主义世界的比重猛增为10%，从世界范围内对比发现，这二十余年间日本在资本主义世界中的地位也由原来的第七位跃升到世界第二位，且仅次于美国；从20世纪50年代中期开始，日本经济平均增长率与日俱增，从1955年至1960年间8.9%的平均增长率，随后于1960年至1965年期间提升到10%，此后1965年至1970年间经济平均增长率则上升到12.1%。[1]通过观察与日本经济发展相关的一系列统计数据，我们可以生动形象地勾勒出日本经济高速发展的历程，同时，也进一步印证日本这一段被西方研究者们称为"二十世纪奇迹"判断的准确性，不容置辩20世纪60年代正是日本经济高速发展过程中的"黄金时代"。

可惜的是，就是在日本经济高速发展的20世纪60年代，经济的迅猛发展出现了物极必反的另一面，诸多社会问题与社会矛盾逐渐暴露出来，且矛盾出现激化现象。面对食品安全、社会环境、生态破坏、性别歧视等社会问题，环境保护与性别公平的呼声日益高涨，到60年代的中后期，日本社会发起了"新社会运动"[2]。"生活者运动"正是

---

[1] 李真贤：《战后日本经济高速及其对我国的启示》，硕士学位论文，吉林大学，2004，第1—2页。
[2] 胡澎曾经在《日本社会变革中的"生活者运动"》一文中对"新社会运动"（转下页）

"新社会运动"中的一个重要社会运动,其中值得注意的是,"生活者运动"与"消费者运动"是完全不同的两种运动,在下文中笔者将对二者进行比较分析。

反观20世纪中期的日本社会,经济高速发展所带来的诸多负面问题以及池田内阁时期过分追求经济利润的国民收入倍增计划政策的出台,使得原有的社会矛盾进一步激化。在此社会背景下,出于对人类身体健康、生存环境以及食品安全的考虑,一部分日本市民开始作为意见领袖勇于站出来,对日益蔓延的资源浪费的生活方式说"不",并由此诞生了日本历史上著名的"生活者运动"。[1]本研究通过对国内外史料进行梳理发现,"生活者运动"产生的一个重要节点与契机是日本生活俱乐部生协(简称"生活俱乐部")的成立。在1965年,日本生活俱乐部正式成立,它的成立被认为是"生活者运动"的开端。

在对于日本生活俱乐部的考据中,中国社会科学院日本研究所研究员胡澎的相关研究,为本研究的开展提供了丰富而重要的文献资料。胡澎在研究中指出,日本生活俱乐部是一个民间非营利团体,创立之初仅有200人,其成员基本上是家庭主妇;经过四十余年的风风雨雨,以家庭主妇为中心的生活俱乐部的活动范围已覆盖日本19个都道县,

---

(接上页)进行过详细的阐释,指出"新社会运动"是20世纪60年代后半期之后出现在西方国家的各种社会运动的总称。如废除歧视运动、女权主义运动、环境保护运动、居民运动、反核运动、消费者运动、和平运动、地方分权运动等。这些运动的目标虽不尽相同,但共同之处是运动的参与者都希望通过运动来改变生活中不尽如人意的地方,提高人民生活水平,使人民过上一种充实、丰富、安全的生活。笔者曾在《生活者概念的发展嬗变与反思——从马克思的"生活者"思想到数字生活空间的"生活者"》一文中对"新社会运动"进行过提炼概括,认为"新社会运动"强调对于后物质主义价值的追求,希望通过运动使人们过上富足与安全的生活。

[1] 胡澎:《日本社会变革中的"生活者运动"》,《日本学刊》2008年第4期。

会员人数达30万。[1]正如下文图1.1[2]中统计数据所示，生活俱乐部创办以来社员人数呈现梯级上升态势，与此同时，生活俱乐部营业额也显现出上扬发展趋势。

　　1965年所发起的日本"生活者运动"是以日本生活俱乐部的日常活动为基础，生活俱乐部的成员是以日本家庭主妇（house-wife）为主体，她们"追求高品质的生活方式和公正的世界"[3]，"生活俱乐部一诞生便亮出了对商品化社会和不良消费方式表示反对和抵抗的姿态"[4]。生活俱乐部以理性的态度面对社会发展中真实存在的问题与矛盾，秉持着"环保、安全、健康"的原则，积极推动与开展了一系列的活动，包括开展以"班"为单位共同订购与购买新鲜健康鲜牛奶的"共同购买活动"、在生产领域创新性地开展新型工作方式的"劳动者自主合作社运动"、节约资源与循环利用玻璃瓶的"垃圾减量运动"、从生活领域走向政治领域的"代理人活动"、倡导并践行保护水资源的"肥皂活动"等。在1989年，日本生活俱乐部曾经获得了素有"另一个诺贝尔奖"之称的"优秀民生奖"的殊荣，到1995年，生活俱乐部从联合国之友组织荣获"最佳50市民团体奖"。[5]生活俱乐部的成立与发展，对"生活者运动"乃至日本整个社会的长远发展均起到举足轻重的作用。

---

[1] 胡澎：《家庭主妇：推动日本社会变革的重要力量》，《博览群书》2008年第12期。
[2] 图1.1数据来源：道客巴巴：《日本生活俱乐部简介》，https://www.doc88.com/p-246656166103.html，访问日期：2019年10月9日。本图是根据《日本生活俱乐部简介》中数据资料，结合笔者个人的理解绘制而成。
[3] 胡澎：《日本社会变革中的"生活者运动"》，《日本学刊》2008年第4期。
[4] 胡澎：《家庭主妇：推动日本社会变革的重要力量》，《博览群书》2008年第12期。
[5] 〔日〕折户進彦：《生活クラブ生協の歷史と理念》，《生活協同研究》2006年7月号。

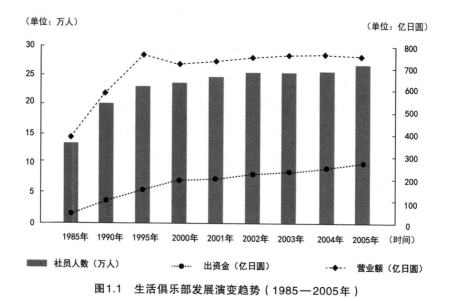

图1.1 生活俱乐部发展演变趋势（1985—2005年）

透过现象看本质，笔者认为在历史发展的长河中日本生活者运动的社会价值与现实意义是功不可没的，主要体现在以下两个方面：一方面，生活者运动致力于倡导并践行一种新的消费观念和高品质健康的生活方式；另一方面，生活者运动开创了女性参与政治生活和经济生活的道路，甚至有的学者认为，生活者运动开创了日本"政治生活化"或者"生活政治化"的道路。

具体地讲，在经济生活方面，日本女性尝试新型的劳动方式，譬如家庭主妇阶层所创办的生活者自主合作社，该合作社涉及编辑策划、餐饮、福利、店铺经营、肥皂厂等多个垂直领域。在政治生活方面，日本的女性群体特别是专职主妇阶层具有了参与政治生活的渠道，"生活俱乐部推举自己的会员作为'代理人'参与地方议会议员竞选的活动"[1]，处于政治边缘化的女性群体参与政治生活的权利一定程度上得到社会保障。根据相关统计数据，我们可以看到，早在1999年的选举中，东京生活者网络[2]已产生57位都、市、区议会议员。[3]自此之后，生活俱乐部中的"代理人"参与政治活动与政治生活的热情愈加高涨。

二、生活者运动的推动力量和所关注的问题

与历史上以往的社会运动的推动力量不同，生活者运动的推动者是通常处于社会中被歧视一方的女性群体，她们是专职主妇阶层，即家庭主妇。自20世纪60年代，"日本经济高速增长时期造就了第一代专职主妇阶层以来，家庭主妇一直是日本一个庞大而特殊的群体"[4]。实际上，这样一群特殊而又具有独立思考精神的女性群体崛起的背后，是日本社会性别歧视下"男工作、女主内"[5]性别分工模式长期压抑禁锢的结果，处于职业选择和政治决策边缘化的女性群体，意图打破固有性别阶层的歧视与羁绊，试图参与社会的经济生活与政治生活，并酝酿且持续性地开展了日本历史上的生活者运动。综上分析可

---

[1] 胡澎:《家庭主妇：推动日本社会变革的重要力量》,《博览群书》2008年第12期。
[2] 20世纪70年代以来，生活俱乐部逐渐从生活领域走向政治领域，其中具有代表性的运动是"代理人运动"。所谓"代理人运动"就是生活俱乐部推选俱乐部的会员作为"代理人"参与到地方议员的竞选活动，为推进"代理人运动"进一步发展，生活俱乐部中有政治抱负的成员组成了政治团体，而所组成的政治团体被称为"生活者小组"，在1988年"生活者小组"被改编为"东京生活者网络"。对于以上内容的阐释，笔者是在参考与借鉴胡澎所写《日本社会变革中的"生活者运动"》一文的基础上提炼概括而成。
[3] 〔日〕岩本美砂子:《1999年统一地方選挙における女性の躍進》,《政治科学》2001年2月。
[4] 胡澎:《家庭主妇：推动日本社会变革的重要力量》,《博览群书》2008年第12期。
[5] 同上。

见，生活者运动背后的推动力量以及核心组成成员皆为日本专职主妇阶层。

笔者认为，社会矛盾往往是激化社会运动与社会变革的催化剂，而生活者运动的发起，正是日本第二次世界大战之后经济高速发展中所存在的社会矛盾与生活矛盾激化的最终结果。生活者运动的发起者们所关注的问题，是与自身日常生活密切相关的社会现实问题，而这些问题又是现实生活中亟须解决的难题。具体地讲，这些生活难题包括显性存在的食品安全问题、环境保护问题、社区建设问题、政治腐败问题，以及隐性存在的女性性别歧视与话语权问题。

在此需要交代与说明的一点是，人们通常将"生活者运动"和"消费者运动"混为一谈，这实则是一种误解与认知上的混淆。"生活者运动"与"消费者运动"并非一个概念的两种称谓，二者之间实际上存在着显著的差异性。针对"生活者运动"与"消费者运动"的差异性，胡澎曾对这一问题进行过对比分析，认为："消费者运动以监督、揭露企业在生产和销售阶段的不正当行为、抗议不公平价格、发起抵制运动等活动为主，是一种谋求在消费过程中解决问题的运动。而生活者运动不仅仅关注生产和消费过程，还关注政治、经济、社区、环境等诸多领域，是共同购买活动、'肥皂运动'、垃圾减量运动、再生利用运动、代理人运动的总称。"[1]基于上文的分析，笔者认为"生活者运动"所涵盖的范畴与领域要远远大于"消费者运动"所关注的领域。具体而言，在"消费者运动"中，人们所关注的场域囿于经济层面的消费问题与生产问题，而在"生活者运动"中，"生活者"对于

---

[1] 胡澎：《日本社会变革中的"生活者运动"》，《日本学刊》2008年第4期。

经济层面的关注只是其中一个分支领域,此外还包括社会层面与政治层面。

三、"生活者"概念的正式提出

对"生活者"概念进行历史追溯发现,"生活者"概念的正式提出时间是1965年。通过对史料进行考究分析,"生活者运动以1965年生活俱乐部生协的成立为契机……会员们（此处特指生活俱乐部的会员）用'生活者'这一词取代'消费者',意味着她们不满足于仅仅作为一名普通的消费者,还希望成为一个能够在日常生活中积极思考并探索生活方式的人"[1]。由此可见,"生活者"概念最早是由日本生活者运动中生活俱乐部的会员们所提出,是生活俱乐部的会员所创造的特定用语。与此同时,生活俱乐部的会员们将"消费者"与"生活者"进行了朴素的区分,认为原有的"消费者"经济属性的身份已经无法满足会员对自身的定位,会员们采用"生活者"的概念来诠释她们对于自身身份的新认知与新理解,她们试图摆脱原有的经济属性的标签成为一个具有经济属性、社会属性、政治属性于一体的积极思考且探索健康生活方式的人。

在对"生活者"概念进行溯源的过程中,胡澎于2008年起连续发表三篇与"生活者"相关的研究成果,这些史料对于考究"生活者"概念是至关重要的。胡澎本人作为一名女性学者,针对日本的女性问题进行了深入性与持续性的研究,而"生活者"概念的最初提出正与女性群体即专职主妇阶层密切相关。在日本的生活者运动与"生活者"

---

[1] 胡澎:《日本社会变革中的"生活者运动"》,《日本学刊》2008年第4期。

本体的研究中，胡澎的研究成果无疑是具有开创性意义的，而这一研究领域在以往的研究中常常处于被忽视的状态。因此，胡澎针对日本生活者运动以及关于"生活者"群体的研究，为本研究的开展带来重要的史料。

基于以上分析，笔者认为日本生活者运动与马克思主义社会理论有着深厚的历史渊源，与此同时，生活者运动中所提出的"生活者"概念与营销传播理论中的"生活者"存在内在耦合关系。二者之间的关系分析如下：

首先，日本生活者运动中"生活者"概念的提出与马克思主义社会理论引介和传入日本有密切的关联性。根据翻译史家马祖毅在《中国翻译简史——"五四"以前部分》一书中的记载："二十世纪初，中国留学生通过日文书籍，初步接触了马克思主义，并将一些著作译成中文，介绍到国内，使中国人民第一次知道马克思和恩格斯的光辉名字以及他们的学说。"[1]20世纪60年代的日本社会早已深受马克思与恩格斯思想的影响和渗透，而马克思对现实人的关怀以及对于人的本质的理解，在日本社会知识分子群体中得到了广泛的传播与吸纳，其中马克思主义社会理论对于人类主动性的理解，对"生活者"概念的提出起到思想启蒙的作用。

其次，虽然日本生活者运动中的"生活者"概念与大众传播时代以及数字传播时代营销传播领域中的"生活者"概念存在显著差异性，但是从更深层面分析，它们之间也存在一定的共通性，这种共通性具

---

[1] 马祖毅：《中国翻译简史——"五四"以前部分》，中国对外翻译出版公司，2004，第393页。

体表现在对于"生活者"身份与价值认知范畴的拓展,生活者运动中的"生活者"与营销传播领域中的"生活者"都在试图摆脱原有的单一维度的经济属性标签,在延伸与拓展人类自身的社会属性与政治属性。

第三节　大众传播环境中"生活者"概念的布道（1981—2002年）

一、博报堂关于"生活者"概念的阐释

20世纪80年代,日本的经济持续高速发展、物质丰富且成为仅次于美国的全球第二经济大国,部分学者指出,这一阶段日本的经济从消费的角度来说已经进入一个"自由王国",在消费领域出现了追求人的自由全面发展的消费观念。在此背景下,广告业作为经济发展的依附性产业,在经济繁荣发展的大环境下得到快速扩张,日本作为"世界广告强国",在此阶段其广告产值在全球列居第二。日本之所以被称为"世界广告强国",一是在经济方面表现为日本广告产业带来巨大经济效益;二是在广告的设计创意、品牌策划、广告制作、营销推广水平以及广告学术研究领域,日本的表现也堪称世界水准。在这一时期,"生活者"概念在传统广告营销传播领域引起重视,其中日本株式会社博报堂（HAKUHODO,以下简称"博报堂"）是"生活者"概念与"生活者"理念的布道者。

由濑木博尚（Hironao Seki）创立的博报堂,是日本历史上最为悠久的广告代理公司,与此同时它也是仅次于电通的日本第二大广告代

理公司。博报堂成立于19世纪90年代中期,而博报堂关于"生活者"概念的阐释,最早可以追溯到20世纪80年代。虽然博报堂是一个广告代理公司,但是其内部设立了以从事企业与营销研究为主要任务的智囊机构,而在1981年成立的博报堂生活综合研究所(简称"HILL")正是博报堂的智囊机构,亦是博报堂旗下市场调查智囊团的领军者。该智囊机构是一个研究"生活者"的机构,它从"生活者"视角出发以推动"生活者发想"[1]为责任与使命,深入推进对"生活者"的研究。其中,在博报堂生活综合研究所编著的《生活者发想:革新营销的新视点》一书中,研究者翔实而深入地阐释出"生活者""生活者发想"等一系列具有灼见的概念与观点,并以"生活者发想"作为一种市场调查与市场研究的方法论。

博报堂生活综合研究所曾对"生活者"进行诠释,"Sei-Katsu-Sha"即为"生活者",表示消费者人群的生活不只购物或消费这样的观念,"Sei-Katsu"表示生命和生活,"Sha"表示人,"Sei-Katsu-Sha"表示过自己生活的人,它既涵盖了人们作为消费者的经济层面,又包括作为个人的社会心理和政治层面。[2]实际上,博报堂所阐释的"生活者"与原有的"消费者"概念是存在差异化的两个概念,"'生活者'的概念要比'消费者'更加宽泛,博报堂认为,'生活者'就是你、我、他,全体个人,'消费者'从经济学的理解看就是商品的购买

---

[1] 所谓的"生活者发想",就是通过洞察"生活者"的欲求和价值观,来描绘出未来生活图景的一种思维方式。其思想的精髓在于不是将人单纯地看作"商品或服务的接受方=消费者",而是"创造生活的主体,并在其中消费的人=生活者"。"生活者发想"是博报堂原创的理念。对于"生活者发想"的阐释,笔者在参考《信蜂:中国信息传播的新兴群体》一书的基础上提炼而成。

[2] 张健:《博报堂:"生活者"品牌理论的布道者》,《广告大观(综合版)》2005年第2期。

者"[1]。除此之外，锷亚在《不是"消费者"，是"生活者"》这篇文章中所持有的观点，也进一步印证了"生活者"与"消费者"概念之间所存在的差异化，他认为："博报堂并不仅仅看到消费的一面，而是把消费者当作有多方面需求、追求丰富生活的人，他们是'生活者'。"[2]通过以上分析发现，"生活者"具有多重的角色，是"创造生活的主体，并在其中消费的人"[3]，"消费者"则仅仅是"商品或服务的接受方"[4]，"生活者"的所指内涵与其所扮演的角色更加生动与丰富。

本研究为了更加深入地甄别日文中"Sei-Katsu-Sha"与中文中"生活者"内涵是否一致以及"生活者"概念和"消费者"概念的区别，笔者于2018年5月16日在日本东京大学对曾经在博报堂工作的C17-ZZM进行深度访谈，并于2020年4月8日对C17-ZZM进行回访。在访谈的过程中，C17-ZZM指出："在日本，'Sei-Katsu-Sha'是一个专有概念名词，它与汉语中的'生活者'寓意基本相似，并未存在明显的差异性。因此，在博报堂关于'Sei-Katsu-Sha'的研究中，将其翻译成中文后统一采用'生活者'这一概念，例如近些年来博报堂生活综研（上海）持续性地与中国传媒大学广告学院联合进行了有关'生活者'的研究，在研究的过程中'Sei-Katsu-Sha'概念翻译成中文后均采用'生活者'这一专有概念。"根据C17-ZZM提供的访谈资料，可以进一步印证出日文中"Sei-Katsu-Sha"与中文中"生活者"内涵的

---

[1] 张健：《博报堂："生活者"品牌理论的布道者》，《广告大观（综合版）》2005年第2期。
[2] 锷亚：《不是"消费者"，是"生活者"》，《中外管理》2012年第8期。
[3] 博报堂生活综研（上海）：《信蜂：中国信息传播的新兴群体》，文汇出版社，2014，第4页。
[4] 同上。

一致性。除此之外,针对前数字时代"生活者"概念与"消费者"概念的差异性,C17-ZZM认为:"日文中'生活者'所指为理性地创造生活并在其中消费的人,而'消费者'则往往特指'冲动的购买者'。"

值得注意的是,通过将日本生活者运动中的"生活者"概念与本节博报堂所提出的"生活者"概念进行对比,笔者发现一个有趣的现象:虽然这两个"生活者"概念所研究的是不同学科领域下的"生活者",一个主要涉及社会学科,另一个则涉及传播学科抑或微观层面的营销传播学科,但是二者却存在一定的共通性。具体而言,这种共通性主要体现在,二者均把"生活者"看作具有经济属性、社会属性与政治属性等多重属性、具有丰富的情绪与心理活动的活生生的人,与此同时均在"生活者"概念提出的过程中把"消费者"概念视为其批判的对象。

二、从"生活主体"的意义视角来理解人类

博报堂能在40年前就把"消费者"看作"生活者",把营销看作对人们生活的洞察,通过调查来跟踪价值观的变迁,以实验的手法来探索营销传播未来的动向,深入实际生活,与生活者一起思考,这是从"生活的主体"场域来理解人类。[1] 把人类视为"生活的主体"的思想洞见,从其本质上看,是企业从高高在上的"经营者"向具有服务意识的"服务者"身份的转变,企业重新回归到对人类本身的观照与体恤,深入观察现实生活以及生活在现实生活中的"生活者"。而下文所论述的"小吃广场"的经济业态,正是博报堂从"生活的主体"

---

[1] 锷亚:《不是"消费者",是"生活者"》,《中外管理》2012年第8期。

出发思考"生活者"之所想的结晶。

"地点是涩谷中央大街（日本东京的年轻人喜欢聚集的地方）的快餐店。研究人员（特指博报堂生活综合研究所的研究人员）在那儿喝茶的时候，发现有4个女高中生走过来，但只有一个人在这家店里买了食品，其他三人都是在别的店里买好了薯片、面包圈、冰激凌后带进来吃的"。[1]由于之前在日本普遍存在的一种社会共识是，在进入一家快餐店用餐时，人们一般不会将之前在其他店铺购买的食品带到自己后进入的快餐店进行食用，因为这种行为往往会让他人看上去非常奇怪，甚至会给人们带来反感的情绪与态度。但是，博报堂生活综合研究所的研究人员却从上文所提及的"4个女孩在涩谷中央大街用餐"的情景中受到了新的启发，研究人员从"生活者"的角度去思考问题，所思考的问题是：为什么"生活者"不可以在同一张桌子上放上每个人各自买的喜欢吃的食品？为何不创造一个"生活者"自由创作商店的时代？当博报堂生活综合研究所的研究人员真正站在"生活者"的角度去思考时，便有了创造"小吃广场"这一经济业态的想法。目前，大街小巷存在的"小吃广场"的商业业态，正是从"生活者"视点出发观察身边事物所产生的一种经典现象抑或商业形态，同时也是从"生活的主体"的意义来理解人类的生动实践。

可以说，仅仅从企业试图获得盈利的单维度视角出发，会容易将人类作为企业所生产的产品或服务的使用者即"消费者"与"用户"来对待，但企业所生产的产品只是人类生活的一个组成部分而已，人

---

[1]〔日〕日本博报堂生活综合研究所：《生活者发想：革新营销的新视点》，杜海清译，文汇出版社，2012，第24页。

类应将企业生产的产品作为一种"工具"来利用。值得注意的是，人类之所以来到这个世界上，从根本上而言，是为了"生活"，而不仅仅是为了使用"工具"。所以，企业倘若想真正地了解人类在思考什么，就必须将人类视为"生活者"来完整全面地对待，看到"生活者"所具有的多重角色，思考"生活者"之所想。相反，倘若片面看待人类的行为，则如同"盲人摸象"般无法真正地了解事物的因果，无法了解企业所面对群体的真实面貌。

三、"生活者"理念与品牌理论的布道者

博报堂不仅是传统营销传播领域中"生活者"概念的提出者，而且是"生活者"理念的布道者与传播者。随着时间的推移，博报堂逐渐形成系统性的"生活者"品牌理论。"生活者"品牌理论是一个以"生活者"概念为中心，以"生活者信息"CNRS[1]和Global HABIT[2]的数据分析技术为基础，以"博报堂品牌管理系统、博报堂品牌审计和品牌接触点评价与管理系统"为主要内容的整合品牌理论体系。[3]

---

[1] CNRS（"博报堂中国全国读者调查"的缩写）主要考察中国消费者的媒体接触情况以及对商品与品牌的使用情况。博报堂已在中国36个城市开展调查，是以15岁以上的男女为对象，调查的范围涉及500种报纸、250种杂志和约70个种类的4000个品牌的接触和使用情况，主要调查生活者的生活方式以及对商品的认知与使用等。对于"CNRS"的阐释，笔者在参考张健所写《"生活者"品牌理论的布道者》一文的基础上提炼而成。

[2] Global HABIT（"Hakuhodo Audience and Bran-User's Index for Targeting"的缩写）是以全球15岁至54岁的"生活者"为调查对象，主要采用访谈、抽样、问卷等社会科学研究技术与方法，来考察"生活者"的信息态度、价值观念、生活方式、购物行为以及品牌选择等多个方面，及时洞察、把握与回应"生活者"的消费趋势。对于"Global HABIT"的阐释，笔者在参考张健所写的《"生活者"品牌理论的布道者》一文的基础上提炼而成。

[3] 张健：《博报堂："生活者"品牌理论的布道者》,《广告大观（综合版）》2005年第2期。

博报堂品牌周期管理模式（简称"BCM"）是博报堂"生活者"品牌理论中具有典型性的品牌运行与管理模式之一。该模式曾经与奥美的"360度品牌管家"、电通的"蜂窝模型"、麦肯光明的"品牌印记"一度成为4A广告公司的理论方法与实战工具，甚至可以被称为指导4A广告公司发展的方法论，由此可见博报堂BCM模式的重要性与影响力不言而喻。

博报堂的BCM模式本身是"一个'一条龙'的管理模式，是博报堂与客户一起参与从品牌核心价值塑造、外形包装到找准'品牌接触点'，并将品牌与活动联系起来的整个品牌营销的全过程"[1]。品牌的构筑与发展具体包括品牌价值（Brand Value）、品牌形式（Brand Style）、品牌接触点（Brand Touchpoints）、品牌履行（Brand Execution）四个层面。正如图1.2[2]中内容所示，上文所提及的品牌"四个层面"，如同"洋葱"一般环环相扣地包围在一起，最终构成一个完整的相互关联的整体。具体地讲，品牌价值是品牌的核心组成部分，亦可以称为品牌的灵魂与精髓；品牌形式是品牌的外衣，它是品牌价值的外在表现形式；品牌接触点是"生活者"有机会面对一个品牌信息的具体情景，这些场景包括广告、媒体、店铺、商品包装、标识、新闻报道、陈列价格、售后服务等，某种程度上它是决定品牌印象好坏的关键；品牌履行则是将品牌推广进行落地，它是将品牌与具体品牌活动联系起来的一个重要环节。对于一个完整的品牌营销传播活动而言，品牌价值、

---

[1] 张健：《博报堂："生活者"品牌理论的布道者》，《广告大观（综合版）》2005年第2期。
[2] 图1.2参考文献来源：百度文库《博报堂品牌管理图示》，https://wenku.baidu.com/view/54c91f3e86c24028915f804d2b160b4e767f8100.html，访问日期：2019年10月11日；张健：《博报堂："生活者"品牌理论的布道者》，《广告大观（综合版）》2005年第2期。

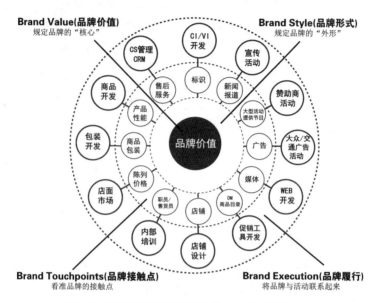

图1.2　博报堂的品牌周期管理BCM模式的发展图

品牌形式、品牌接触点、品牌履行四个环节层层递进且缺一不可。

值得注意的是，在博报堂的BCM模式中，博报堂所秉持的理念是基于多角度考虑进行品牌策划。而此处所提及的品牌策划具体包括两个维度：一是对"商业视点"的策划；二是对"生活者视点"的策划。本书所要重点展开阐释的正是博报堂对于"生活者视点"的策划。

首先，所谓的"生活者视点"是从"生活者"的角度客观地重新审视评估品牌，并承诺企业为其创造深受"生活者"长期喜欢的品牌。[1] 在具体践行"生活者视点"策划之前，存在一个前提条件，即

---

[1] 张健:《博报堂:"生活者"品牌理论的布道者》,《广告大观（综合版）》2005年第2期。

博报堂需要从"生活者"视域出发去思考"生活者视点",并在此基础上产生能够进一步催生新事物的"发想"。其次,博报堂的BCM已经建立起自己的生活者观,具体是指深入了解"生活者"、把握"生活者导向","BCM"强调每一次提案都必须是营销科学与艺术创作的最佳结合。最后,在创意传播领域,博报堂的独门兵器是"生活者"理念,即不单纯从消费者立场出发而是立足于普通人的生活及个性,从生活主体的生活意义角度来理解人类,并深入实际生活与"生活者"一起思考,提出独到的市场营销和沟通战略的方案。[1]综上分析,上文所提及的"生活者"理念正是从"生活的主体"即"生活者"的角度与立场来理解人类,这是一种思维理念与实践方式的革新。

总而言之,在大众传播环境中,以日本为代表的发达国家所追求的注重人的全面发展的消费观念与生活理念一定程度上已得到认同,在此背景下,"生活者"概念在传统营销传播领域出现渗透与延展,博报堂对传统营销传播领域中的"生活者"概念进行了深刻的诠释,并在"生活者"概念的基础上,进而提出"生活者"理念,与此同时"生活者"理念是"生活者视点"策划的理论指导与方法论。

---

[1] 互动百科:《博报堂》,http://www.baike.com/wiki/%E5%.html,访问日期:2017年11月1日。

第四节　数字传播环境中"生活者"概念的演变（2002—迄今）

一、数字时代"生活者"概念的提出背景

正如曼纽尔·卡斯特（Manuel Castells）对互联网所描述的那样，互联网既不是天堂，也不是地狱，它是我们的自我表达——通过具体的通信符号，互联网把我们带入了一个表达所思所想的公共场所，如果我们想改变我们的现实，我们就必须理解它。[1]随着技术驱动下互联网的发展，直到推特（Twitter）和汤博乐[2]（Tumblr）将网络创造的内容压缩到140个字或是截短的片段，人们才恍然大悟：原来在网上谈论、分享、博取同情的人数已是如此之众……[3]思科互联网商业解决方案事业部（CISCO IBSG）是一家集设计、制造与销售网络设备为一体的跨国公司，目前已成为公认的全球网络互联解决方案的领先厂商。该公司于2011年发布了有关互联网研究的白皮书，根据白皮书上的数据显示：在2015年，全世界共有250亿台设备连接上了互联网，而到2020年，预计连接互联网的设备台数达到500亿台（图1.3[4]所示）；

---

[1]〔美〕曼纽尔·卡斯特：《网络星河——对互联网、商业和社会的反思》，郑波、武炜译，社会科学文献出版社，2007，第178页。

[2] 汤博乐（Tumblr）成立于2007年，是目前全球最大的轻博客网站，与此同时也是轻博客网站的始祖，是一个介于传统博客和微博之间的全新媒体形态，既注重表达又注重社交，而且注重个性化设置，是当前最受年轻人欢迎的网站之一。对于"汤博乐（Tumblr）"的阐释，笔者在参考《数字时代：互联网如何改变着我们身边的一切》一书中所记载内容的基础上概括而成。

[3]〔英〕西蒙·庞特编著《数字时代：互联网如何改变着我们身边的一切》，杨丽艳、屈云波译，企业管理出版社，2015，第2页。

[4] 图1.3数据来源：〔意〕卢西亚诺·弗洛里迪：《第四次革命：人工智能如何重塑人类现实》，王文革译，浙江人民出版社，2016，第13页。

第一章 "生活者"概念的溯源与嬗变

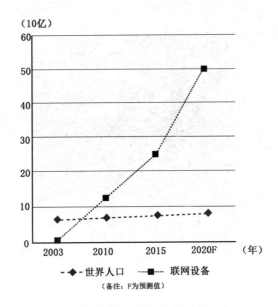

图1.3 世界人口与联网设备的增长统计图

人均联网设备的数量从2003年的0.08台增长到2010年的1.84台，到2015年增长到3.47台，而到2020年预计全世界联网设备台数将会增长到6.58台。通过《世界人口与联网设备的增长统计图》中所显示的数据，可以清晰地勾勒出全世界连接互联网的设备台数的增长速度与全世界人口的增长速度。由此可见，自2003年以来，全世界连接互联网的设备台数的增长速度呈现直线式上升趋势，远远高于世界人口的增长速度。

《世界人口与联网设备数量增长对比统计图》[1]中的数据，所进一

---

[1] 图1.4数据来源：〔意〕卢西亚诺·弗洛里迪：《第四次革命：人工智能如何（转下页）

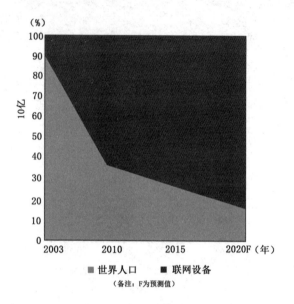

图1.4 世界人口与联网设备数量增长对比统计图

步折射出的现象是,全世界连接互联网设备台数的增速惊人,这种快速增长趋势,是世界范围内数字化发展进程不断推进的外在表象。无独有偶,在《第四次革命:人工智能如何重塑人类现实》[1](*The Fourth Revolution: How the Infosphere is Reshaping Human Reality*)一书中,牛津大学哲学与伦理信息教授卢西亚诺·弗洛里迪(Luciano Floridi)对此现象进行了预言,认为:"对于未来的历史学家来说,全球交流将会是一个没有人类参与的神奇景象。就像我们呼吸的氧气那样,几乎

(接上页)重塑人类现实》,王文革译,第14页。
[1]〔意〕卢西亚诺·弗洛里迪:《第四次革命:人工智能如何重塑人类现实》,王文革译,第13页。

所有的MIPS对我们来说都是不可见的，但是它们已经变得至关重要并且呈指数级增长。"弗洛里迪在此处所提及的"MIPS"，实际上是"micro computer without interlocked pipeline stages"的缩写，具体含义是指"无互锁流水线微处理器"，研究者们认为它是世界上较早的处理器之一。

根据卡斯特与弗洛里迪对于互联网技术的理解，马丁·希尔伯特（Martin Hilbert）与普里西利亚·洛佩兹（Priscila López）对数字时代的科学研究，以及本书对互联网发展统计数据的再分析，可以进一步印证出我们人类已经进入数字化主导的世界，原有的前数字时代所形成的概念与理论框架逐渐面临解释力与指导力的"双层失效"。在此背景下，生活在数字时代的人类，需要从马歇尔·麦克卢汉（Marshall McLuhan）所描述的"后视镜"中走出来，重新认识与理解目前我们人类所生活的这个日趋数字化的世界，一个由互联网技术所构筑的新型数字生活空间，一个人类赖以生存的物质与精神家园。

在这个日新月异的数字时代，"如何理解互联网"这一问题，在学术界与商业界均引起关注，成为时代发展中亟须思考的重要课题。早在20世纪初期，陈刚观点鲜明地指出"互联网并非是传统意义上的媒体，而是一种独特的数字生活空间"[1]，并提出了"互联网不是媒体"[2]的研究结论。营销策划和品牌管理专家叶茂中赞成陈刚的观点，并进一步对几千年以来人类在不同时期所面对的生活空间的变迁进行了系统的梳理与提炼，认为人类经历了"原始时代的自然生活空间、封建

---

[1] 陈刚、沈虹、马澈、孙美玲：《创意传播管理——数字时代的营销革命》，机械工业出版社，2012，推荐序一XIII。
[2] 同上书，第3页。

时代的资源生活空间、现代社会的物质生活空间之后，我们无疑已经走进了一个由互联网构筑的全新空间——数字生活空间。这是一个没有界限的空间，这是一个没有距离的空间，这是一个没有等级的空间"[1]。的确如此，互联网突破了人类空间上的限制，地域上的区隔与距离某种程度上已经被抹平。但是，互联网所构筑的数字生活空间是不是一个没有等级的空间？针对这一问题，目前学术界尚存在观点上的分歧与争议，研究者们对此问题并未达成共识，后续还有待进一步的商榷。

那么，如何理解由互联网所构筑的"数字生活空间"？在《创意传播管理——数字时代的营销革命》这本书中已经给出答案："以互联网为基础的新的传播形态，是依托数字技术，对人类日常生活中的各种信息传播和交流活动进行的虚拟的还原和放大，这种传播形态创造了一种新型的数字生活空间。"[2]在互联网上，每一个参与者，不论是个人还是组织、机构等，都是以语义客体或信息实体的形式出现的，每个信息实体都可以发送和接收信息并创造语义内容，更重要的是，这些语义内容可以不受真实生活中的空间和时间的限制，不断交流扩散，共同构成了一个实在的语义世界，这个世界就是数字生活空间。[3]数字生活空间与人类所面对的现实生活空间是存在共通性与差异性的，所谓的共通性表现在数字生活空间是人类现实生活空间的延伸，差异性表现在数字生活空间与人类的现实生活空间存在某种程度的区隔，而数字生活空间的发展又会反作用于人类现实的生活。

---

[1] 同上书，推荐序二XVI。
[2] 陈刚、沈虹、马澈、孙美玲：《创意传播管理——数字时代的营销革命》，第9页。
[3] 同上书，第11页。

伴随着互联网所构筑的数字生活空间的逐渐发展与进一步的建构，人类所面对的传播环境与企业所面对的市场环境发生了翻天覆地的变化，某种程度上甚至可以称之为"颠覆性的变革"。那么，具体到营销传播领域，原有的大众传播时代由唐·E·舒尔茨（Don E. Schultz）所提出的经典的整合营销传播理论出现了"理论"与"现实"的逐渐脱节，无法给予现实的营销传播问题以实效性的解决方案。在此情境下，原有的营销传播理论已过时，创意传播管理理论因数字时代所需应运而生。创意传播管理理论是对数字生活空间中人类所处的营销传播环境的全新解读，而本书所研究的数字时代的"生活者"概念正是该理论中的一个核心概念。

二、"生活者"：一个发展中的概念

正如法兰克福学派的马克斯·霍克海默（Max Horkheimer）以及特奥多·威森格隆德·阿多诺（Theodor Wiesengrund Adorno）等研究者所持有的观点：语言的概念化是在神话学向启蒙精神转化的过程中，语言发展的中枢。概念化在语言发展中的重要性不言而喻，"只有成为概念的语言，才能实现对现实的普遍化的抽象，并通过这个抽象，完成语言自身，也就是理性自身与自然的分离"[1]。

在《否定的辩证法》（Negative Dialektik）[2]一书中，阿多诺认为"概念的觉醒是哲学的解毒药，从而避免哲学日渐猖獗以致成为一种对自己来说的绝对"，对于理论思想的发展与概念体系的建构亦应保持开

---

[1] 陈刚：《阿多诺对现代艺术的分析》，博士学位论文，北京大学，1998，第9页。
[2] 〔德〕阿多诺：《否定的辩证法》，张峰译，上海人民出版社，2020，第9—10页。

放的可能。"生活者"概念之所以是一个发展中的且具有鲜活生命力的概念,原因在于"生活者"概念在不同的历史时期、不同的学科研究领域始终处于一个动态的发展状态。以往对于"生活者"的研究更多的是对散落的"点"的研究,譬如一部分研究者仅研究日本博报堂的"生活者"概念而并未触及"生活者"概念本身的来龙去脉,又比如有些研究者仅仅囿于对日本生活者运动中的"生活者"进行解读,这显然是缺乏一条连贯的"线"。本研究通过纵向维度的分析发现了贯穿"生活者"概念发展的重要线索,"生活者"概念经历了近二百年的发展变迁历程(图1.5所示),其发展嬗变历程具体如下:从马克思的生活原点哲学化到日本的生活者运动,从生活者运动到大众传播时代博报堂所提出的传统营销传播领域中的"生活者"概念,再从博报堂的"生活者"理念到数字生活空间中的"生活者"。

反观本书所研究的"生活者"概念,会发现"生活者"概念的发展变化背后,体现出不同时期研究者们对人类所面对的客观世界以及人类自身认识的不断深化,而这种认识的不断深化主要受到两种力量的驱使:一方面是"内在力量"的努力,具体而言是与研究者个人的努力息息相关,是研究者个人深入洞察与批判分析的结果;另一方面是"外在力量"的驱使,即社会大环境给研究者提供了研究创新与理性思辨的外部条件。对于"生活者"的研究虽然在不断演变,在不同的时代背景、不同的语境中,"生活者"概念被发展抑或重构,但归根结底从研究的源头来看,研究者们都是将人的存在归结为人的生活,从"生活的主体"意义的角度来理解与诠释人类。

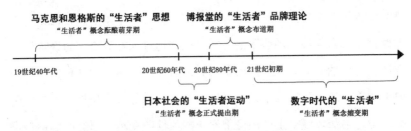

图1.5 "生活者"概念发展脉络图

三、数字时代"生活者"内涵新探

数字生活空间中的"生活者"概念的提出是对博报堂所提出的"生活者"概念的一种"扬弃"。接下来将对这一"扬弃"的过程进行翔实的解析。

首先,取其精华。数字生活空间中的"生活者"概念与博报堂的"生活者"概念,从本质上来看均是研究的营销传播领域中的人。博报堂的"生活者"概念中的"生活者"是从"生活的主体"的角度来理解人类,是指过自己生活的人,是具有经济属性、社会属性、政治属性的人。博报堂的"生活者"概念显然突破了以往营销传播领域中将人视为仅有单维度经济属性的"消费者"的局限,对营销传播领域中人的认知更加深入与全面。这一点,正是博报堂在营销传播领域研究中所体现出的重要创新点,而数字时代"生活者"概念的提出恰恰吸取了博报堂在营销传播领域中对于人研究的精华。数字时代的"生活者"概念,强调了在数字生活空间中出现的这个群体,是由一个个具有多重身份的个体组成,他们既是消费者,同时也是传播者与接受者,甚至可以是生产者与创造者。

其次,去其糟粕。博报堂所提出的"生活者"概念,是在大众传播时代传统营销传播领域中对人的研究,它对于"生活者"的分析更加偏重于对宏观层面趋势下的分析,往往通过抽样调查、访谈等研究方法获得对抽象而笼统群体的认知,所研究的群体是大众传播媒体环境下的人。随着数字技术创新推动下的互联网的快速发展,人类的传播环境、生活环境、生产环境都迎来颠覆性的变革,原有的营销传播环境下对于人的认知存在一定程度的局限性,同时也面临着一些困惑与问题,原有的通过抽样调查、访谈等研究方法获得对抽象而笼统群体的认知,逐渐无法满足企业对于精准化营销的需求。数字生活空间中的"生活者"概念,是伴随着互联网的不断发展以及技术的创新驱动与渗透的背景下形成的,它是对于数字时代数字营销传播领域中的人的研究,此处所研究的"生活者"不再是笼统的、抽象的、类型化的人,而是生活在互联网中的一个个具体而鲜活生动的人。通过以上分析与论述,我们可以更清晰地看到,数字生活空间中的"生活者"概念实际上是对博报堂的"生活者"概念所进行的一种批判性的继承与发展。

在《创意传播管理——数字时代的营销革命》一书中,对于"生活者"概念的论述,研究者明确指出:"在数字生活空间中出现的这个群体,是企业过去从未遇到过的。他们既是消费者,又是传播者,同时也是接收者,而且,他们在数字生活空间中有自己相对固定的家园。他们是生活在互联网上的活生生的人——生活者。"[1]在对"生活者"概念的界定中,笔者认为以往的研究者在对于"生活者"身份的研究中,忽略了对"生活者"所具有的生产者与创造者身份的观照。伴随

---

[1] 陈刚、沈虹、马澈、孙美玲:《创意传播管理——数字时代的营销革命》,第21页。

着技术创新驱动力量的发展与不断深层次渗透,互联网所构筑的数字生活空间中的基础设施正在逐渐走向优化,"生活者"的权利与参与品牌产品创造的积极性在不断增加,恰好技术的发展给"生活者"提供了参与生产与创造的可能性。

因此,在以往研究者研究的基础上,结合笔者个人的思考,本书从"人生活的意义"的角度出发,对数字时代生活在数字生活空间中的"生活者"所具有的内涵进行了进一步的界定,所谓数字时代的"生活者"是指生活在互联网中的活生生的人,它们是生活的主体和生活的创造者,集消费者、传播者、接受者、生产者、创造者多重身份于一身,同时具有经济属性、社会属性与政治属性。

四、数字时代"生活者"研究的进展与空白

以往在与"生活者"相关议题的研究中,虽然不同领域的研究者们对"生活者"进行了"散点式"的研究,但是从系统性与深入性的角度来看,对数字时代"生活者"研究的观照,仍旧存在不足之处,笔者将其概括为以下两个方面:

一方面,以往的研究者普遍缺乏从概念史的视角对"生活者"概念进行历时性的剖析,本研究的一个重要目标在于试图廓清并找出这条连贯"生活者"研究的重要"经脉"。具体而言,本研究基于概念史的视角,找到"生活者"的发展源头以及"生活者"研究与发展的经脉,这是在第一章中笔者重点阐述与解决的问题,也是开展数字时代"生活者"研究的前提与基础。

另一方面,在对数字时代"生活者"的研究中,学术界对于"生活者"价值的研究尚存在空白,并未有学者对"生活者"研究在学术

层面与实践层面所具有的价值性进行深入探讨。研究者们往往聚焦与局限于对"生活者"概念的解读,但是为什么要提出数字时代的"生活者"概念?"生活者"概念的提出对学术研究和产业发展到底会产生什么样的影响?这些问题是在以往的研究中被研究者们所容易忽略的,与此同时对于此领域的研究有待开展。

第二章　概念的混用与话语的纠缠

面对数字时代传播学研究领域中，对于传播对象的概念界定所存在的概念混用与话语纠缠的现状和窘境，在本章中笔者所需要解决的重要问题是：厘清与"生活者"相关的概念之间的话语纠缠，对其进行差异性区分，试图走出概念混用的现实困境，而这些与"生活者"相关的概念主要包括"受众""用户""消费者"和"公众"。在廓清以上重要问题的基础上，本研究将对数字时代"生活者"概念的适恰性逻辑进行深层剖析。

第一节　"生活者"概念与相关概念的纠缠

"人类对真理的认识，是人类特有的理性思维活动。这种思维活动是以概念为起点,而且是在一系列概念活动中进行的"。[1]概念在人类理性思维活动中的意义不言而喻。概念是人类思维结晶的重要形式,是人类开展理性思维活动与理论形成的基础。既然概念在人类社会发展中如此重要,那么接下来需要廓清的一个现实问题是:"概念"到底是什么?

通常意义上,概念(concept)被认为是关于事物的基本知识。通过具体形象的例子,我们可以来了解"概念"到底是什么。譬如,当我们人类知道什么是"春",什么是"夏",什么是"秋",什么是"冬"时,这说明我们已经掌握了关于季节方面的一些基本知识,从而可以更好地理解"季节"这一概念。概念的形成并非一件易事,具体而言,当我们人类的头脑中掌握了一些基本的知识之后,对于这些基本知识与客观事物的认识会逐渐地在人的头脑中凝聚为一种观念,而这种观念通过一定的语言抑或符号表现出来,最终形成人类所需要的概念。逻辑学研究者张秀廷曾经在《逻辑概念新论》[2]这本书中,对于"概念"以及概念的形成过程进行了翔实的阐述与深入的分析,认为"人类在社会实践中与客观事物接触并把它作为认识对象,通过人类特有的感觉、感知能力的作用,在多次重复的基础上形成一定的表象与记忆,再通过思维对认识对象进行分析与综合,获得关于事物质与量的规定性的全面深刻的认识,然后选择或创造一定的语言(符号)形式将其凝聚起来,从而成为概念"。这正是一个概念在人类头脑中由"酝酿"到"形成"的整个演进过程。

---

[1] 张秀廷:《逻辑概念新论》,人民出版社,2013,第1页。
[2] 同上书,第5页。

学术界对于"概念"界定的分歧点主要表现在两个方面：一方面在于西方逻辑学家往往从其中一个或者几个侧面来阐释概念的本质与特征；另一方面我国学者在概念研究中存在一种现象，即研究者只是着眼于概念对事物属性与本质（即质的规定性）的反映，而不问概念对事物量的规定与事物范围的反映。[1]而以上分歧的产生，归根到底还是研究者们普遍缺乏对概念整体性的认知。匈牙利逻辑学家贝拉·弗格拉希（Б.Хогараши）曾经对已有的"概念"进行界定中所存在的现实问题进行了批判，并在《逻辑学》一书中对"概念"进行了系统性的分析。弗格拉希认为，"概念是作为物质最高产物的人脑的最高产物，是用有声语言来表达的思维的基本形式；它通过概括把客观外部世界、各种对象以及存在于各种对象之间的联系的一般因素抽引出来，加以归纳，从而在思想中反映出客观现实的一定的部分和联系"[2]。弗格拉希对于"概念"本身的理解与诠释从深度与广度方面都是值得肯定的，但是也有一部分研究者带着批判的眼光，认为弗格拉希对概念的诠释有些冗长。

诚然，"概念"是对事物发展规律与事物自身特性的抽象化归纳概括，它是人脑对于客观对象反映的产物。正是因为有了概念，思维才具有了反映客观现实的抽象概括的性质。[3]目前，传播学研究领域对于传播对象的研究中，存在概念混用的窘况，"受众""用户""消费者""公众"与"生活者"存在话语纠缠的问题，主要原因在于客观对

---

[1] 张秀廷：《逻辑概念新论》，第18—21页。
[2] 〔匈〕贝拉·弗格拉希：《逻辑学》，刘丕坤译，生活·读书·新知三联书店，1979，第130页。
[3] 金顺福：《概念逻辑》，社会科学文献出版社，2010，第31页。

象与客观现实的存在有其特定适用的场景。

第二节 揭开"迷雾"：概念适用性的场景和环境

概念所反映的客观对象与客观现实本身具有看似相互矛盾实则辩证统一的两个重要特点，即"稳定性"与"变化性"。具体地讲，"人们对客观对象进行反映所形成的概念，其内涵和外延在一定的时空条件下是确定的，但当客观对象本身发生变化时，人们头脑中的概念也会随之变化"[1]。那么，对于"受众""用户""消费者""公众"与"生活者"这五个概念的研究与探讨，正是人类在所面对的传播环境本身发生变化时，人类头脑中对于传播对象自身角色与定位认知的变化。实际上，当下传播环境的变化主要体现在由大众传播环境向数字传播环境的演进，而在这一过程中技术的驱动与赋权作用是尤为明显的。

一、"受众"：大众传播时代信息的接受者

"受众"（audience）是大众传播时代对于传播对象的研究中非常重要的一个概念，它所指涉的是在人类媒介社会化过程中被受众化的人。传播学科的集大成者和创始人威尔伯·施拉姆（Wilbur Schramm）曾经在对传播模式的研究中，用"接受者"（receiver）来表示"受众"这一概念。长期以来人们普遍将"受众"等同于"受者"。"受者"是一个集合名词，是传媒研究领域的先驱们在大众传播过程的简单线性

---

[1] 张秀廷：《逻辑概念新论》，第34页。

模式[1]中所提出来的概念；而"受众"是有固定的指向与内涵，"简单说来指的是一种或多种媒体渠道，指类似渠道的内容或形式的读者、观众和听众"[2]。中国传播学研究者郭庆光在其研究中曾经对"受众"概念进行了明确的界定，指出"在大众传播研究中，受众指的是大众传媒的信息接受者或传播对象"[3]，笔者认同郭庆光先生对于"受众"概念的诠释，认为受众是大众传播研究中对传播对象的抽象概括。具体地讲，受众是大众传播效果的核心概念和考察效果的基点与立足点，而且在由媒介、社会与人的复杂关系建构起来的大众传播理论中，受众是一切问题的重要交叉点，因此理解受众就是理解大众传播学的核心问题，就是理解在媒介化社会中"被受众化的我们"。[4]

在大众传播时代，传播学研究领域形成了一种以受众研究为主的研究思潮，来诠释生活在大众传播环境中的人类即媒介信息传播的对象，认为人是报纸、电视、广播、杂志等传统媒体的信息被动接受者。在学术研究领域，受众研究经历了不同的发展阶段且形成了具有差异性的理论研究学派，其中经验学派与批评学派对于受众的研究产生了不同的理论发展路径。具体而言，批评学派经历了从"文化工业论"向伯明翰学派"积极受众论"的理论转变路径，而经验学派则经历了从"枪弹论"到"使用与满足"的理论演变过程。下文表2.1是研究者杨光宗与刘钰婧在《从"受众"到"用户"：历史、现实与未来》

---

[1] 线性模式具体包括信源、渠道、信息、受者、效果。
[2] 童清艳：《受众研究》，上海交通大学出版社，2013，第12页。
[3] 郭庆光：《传播学教程（第二版）》，中国人民大学出版社，2011，第155页。
[4] 〔英〕罗杰·迪金森、拉马斯瓦米·哈里德拉纳斯、奥尔加·林耐编《受众研究读本》，单波译，华夏出版社，2006，译者序第1页。

表2.1 海内外学者受众研究进程的四个阶段[1]

	时间	代表人物/标志事件	主要观点
海外学者针对"受众"研究的四个阶段划分	20世纪20至30年代	西多尼·罗杰森	"枪弹论"提出，将受众放在被动接受方用于显示验证传播效果，如同"枪靶"地位，传者居于主动地位，如同"枪弹"
	20世纪40年代	赫伯特·布卢默	将社会学概念与传播学相结合，认为受众可称为"大众"，突出强调群体性，具有规模大、匿名和无限性的特点，稳定性差
	20世纪60年代	雷蒙德·鲍尔	有限效果模式成为研究主流，学者认为受众是顽固的，可以根据自身需求选择和理解信息内容，但选择权优先，不能控制媒体内容发布
	20世纪70年代	E. 卡茨	"使用与满足"理论提出，从受众角度出发探究大众传播带给人们的影响
中国学者针对"受众"研究的四个阶段划分	1982年	中国科学院新闻研究所和首都新闻学会在北京发起我国第一次大规模受众调查	首次将受众确立为研究对象，"受众"概念从此被业界大众接受
	1986年	中国人民大学舆论研究所成立，全国第一届受众研究研讨会在黄山举行	拥有专门的"受众"研究机构，研究趋于系统化与专业化
	1990年	本土化受众理论研究兴起，亚运会传播效果成为受众研究的新起点	受众研究与我国实际情况相结合，理论研究成为受众研究的主要方向
	1992年	第二届受众研讨会召开	"受众本位"思想由陈崇山提出，受众在传播中的位置发生转变

表2.1参考文献：杨光宗，刘钰婧：《从"受众"到"用户"：历史、现实与未来》，《现代传播》2017年第7期。

[1] 表2.1参考文献：杨光宗，刘钰婧：《从"受众"到"用户"：历史、现实与未来》，《现代传播》2017年第7期。

一文中，对受众研究进程进行了系统的梳理，将国内外受众研究划分为四个研究阶段。其中，国外研究者围绕着受众研究形成了"枪弹论"与"使用与满足"等诸多理论，在国内的研究中直到1982年研究者首次将受众确立为研究对象，"受众"概念从此被中国学界与业界接受与传播。"受众"概念是大众传播领域的一个核心概念，同时也是互联网发展初期在采用"用户"概念以前，所经常使用的一个传播学研究领域中的重要概念，它是媒体信息的被动接受者，亦是受众化的人类。

从词源学的角度来看，"audience"一词最早出现在14世纪，概念出现初期"audience"是指信仰上帝的忠实信徒在接受牧师布道时成为布道集会时的听众。[1]而现代意义上的"受众"，一般是指大众传播活动中的受众。关于大众传播活动中"受众"的起源，在学术界尚存在观点上的分歧，目前主要存在两种具有代表性的观点：一种观点认为，大众传播活动中的"受众"主要是随着15世纪中叶印刷书刊的发展而产生的，印刷书籍的使用使距离相隔的传播成为可能，同时也保证了不受干扰的阅读；[2]另一种观点则认为，第一个社会科学意义上的"受众"概念源于19世纪电影与电影院的产生[3]，电影造就了早期社会真正的"大规模受众"。笔者认为，印刷书刊的发展形成了现代意义上传播领域的"受众"概念，而电影与电影院的出现则使得"大规模受众"处于同一空间中成为可能。

然而，随着媒体环境和媒体结构的发展与变革，"受众"这一传

---

[1] 臧海群、张晨阳：《受众学说：多维学术视野的观照与启迪》，复旦大学出版社，2007，第23页。

[2] 童清艳：《受众研究》，第18页。

[3] D. McQuail, *Audience Analysis* (London: Sage Publications, Inc., 1997), p.9.

播学概念逐渐出现诸多争议，进而引发了"受众"概念所指涉意义层面的分歧以及理论的冲突。英国传播学家丹尼斯·麦奎尔（Denis McQuail）曾经在研究中将"受众"概念与"民意"等概念进行对比，认为"'受众'含义的抽象度和争议度，超过'社会'或'民意'等概念"[1]。西方学者阿洛曾经质疑"受众"的存在，并指出"受众"并不存在，它并非栖身于现实的空间，而只是存在于分析的论述里。[2]显然，"受众"的概念是依赖于大众传播时代受众研究的理论框架、分析方法以及媒介与社会的架构而存在，"受众"概念具有一定的理论依附性。中国传播学研究者童清艳在《受众研究》[3]一书中，也曾经指出"受众"概念在发展中存在矛盾与分歧，受众这个术语本身会引发很多意义分歧和理论冲突，主要在于：这样一个简单的单词要表现不断多样化、复杂化的媒体现实，还要迎合各类传播学百家争鸣的理论表述。正如有评论者指出："无论在人文学科领域，还是在社会科学领域的传播学研究中，受众这个单词所指对象正在瓦解。"[4]除此之外，郑丽勇等人在研究中也进一步指出，"受众"指的是一对多的传播活动的对象或受传者，由于数字媒介的交互性，传统意义上的受众已经不复存在，受众既是媒介内容的接受者，也是内容的主动获取者与内容生产者，因此"受众"一词已经不能形象地表达出这一群体的特征。[5]笔者赞同麦奎尔、阿洛、童清艳、郑丽勇等人对于"受众"概念引发

---

[1] 转引自臧海群、张晨阳：《受众学说：多维学术视野的观照与启迪》，第25—26页。
[2] 同上书，第26页。
[3] 童清艳：《受众研究》，第12页。
[4] 同上书。
[5] 郑丽勇、陈徐彬主编《2015中国数字营销白皮书》，中国人民大学出版社，2016，第15页。

争议的表述与观点,并质疑:在数字时代"受众"概念是否仍旧如大众传播时代一样存在?是否还具有充分的解释力?对传播环境中的"人"即传播学话语体系中传播对象的研究,是否到了研究范式更替的历史新阶段?

接下来,本书将从传播环境、传播模式、人在传播中所扮演角色、概念最为适用环境这四个维度,对"受众"概念进行更为深入的解析。首先,从传播环境维度剖析发现,"受众"概念出现在大众传播发展的早期。受众是在以传统媒体为主的大众传播环境中的信息传播对象,受众对于媒介信息的接收,通常是在相对固定的地点采用固定化的模式进行。譬如,受众往往会通过在家中观看电视、在电影院观看电影等相对固定化的模式来接收信息。然而,现如今互联网数字化技术的发展与渗透,使得传播对象从原有的固定化模式向碎片化模式转型,这与大众传播时代人类所面对的传播环境大为不同。其次,从传播模式维度解析发现,"受众"概念的萌芽、使用与普及是在以消费为主的工业时代,此时的信息传播模式是一种"一对一"或"一对多"的单向传播模式,此种传播模式正是大众传播时代的主流传播模式。再次,从人在传播中所扮演角色的维度分析,受众更多的是以被动的信息接受者的身份出现,正如施拉姆等人在书中所指出的,受众是"在传播过程中的另一端的读者、听众与观众"[1],受众某种程度上拥有有限的信息"解码"权,从其本质上而言,并无真正意义上的话语权。最后,从概念最为适用环境的维度探究发现,大众传播为主的时期以及

---

[1] 〔美〕威尔伯·施拉姆、威廉·波特:《传播学概论(第二版)》,北京大学出版社,2007,第139—140页。

互联网发展早期，为受众研究提供了最为适合的环境，显然也是"受众"概念最为合适的应用场景与传播环境。

其主要原因在于，在大众传播时期与互联网发展早期，报纸、广播、期刊、电视等媒体的受众是信息的被动接受者，是抽象性的群体，受众之间通常无缘见面与相识，受众反馈信息的渠道相对来说是存在障碍与滞后性的。譬如，报纸、期刊、广播、电视、电影、音乐、网络等媒体，除非举办特殊的或者有针对性的受众活动，否则媒体是很难知道自己受众的具体姓名，更不要说有"受众见面"的可能。[1] 而现如今，生活在数字传播环境与互联网上的人与大众传播时期的乌合之众不同，在技术的赋能与赋权下，生活在互联网上的人拥有了更多的角色与权利，而并非是以往单纯的被动接受信息的"受众"。

正是因为媒体结构与传播环境的变化，使得人类面临新的挑战与转型，生活在数字传播环境中的人并不能够用原有的"受众"概念来进行诠释，而"受众"概念本身也无法精准地来描述生活在数字传播环境中的人。因此，传播学语境中所研究的人即传播对象需要被重新进行解释，原有的对于传播对象进行研究的研究范式某种程度上正在面临发展的困境，对此学术界需要建构新的概念与研究范式。数字时代的"生活者"概念正是基于这一社会背景下所提出的，正如批判者所指出的"受众"这个概念抑或"audience"这个单词所指对象正在瓦解，"生活者"概念以及创意传播管理理论范式的提出，正是为试图走出这一困境而做的积极探索与努力。

---

[1] Denis McQuail, *Audience analysis* (London: Sage Publications, 1997), p.2.

二、"消费者":具有单维度经济属性的群体

"消费者"(consumer)在科学上的定义是"食物链中的一个环节,代表着不能生产,只能通过消耗其他生物来达到自我存活的生物"[1],而此种解释是将"消费者"看作无生产能力且被动接受产品、实物抑或服务的人。在传播学领域,媒体市场中的"消费者"与"受众"存在根本区别,而差异性的存在是由于市场的出现。市场是"媒体服务和媒体产品实际或潜在消费者的集合,他们有着明确的社会经济地位",与此同时"'市场'没有像传播学中的关系一样,把传者和受者置于一般联系或社会联系之中,而是像生产者和消费者的现金交易一样,把他们置于一种可计量的联系之中"[2]。"消费者"正是在"市场"概念出现之后所诞生的一个概念,它是经济学中频繁使用的一个概念术语,在传播学研究领域中这个概念本身"忽视了受众之间的内部联系,因为受众向媒体机构提供服务是无利可图的"[3],而"消费者"这个概念却仅仅关注于受众的媒体消费方面,只强调受众的社会经济地位以及受众所具有的经济属性层面,而自动地忽视受众作为信息、产品与服务接受方之外的另一面,即受众所具有的社会属性与政治属性。换言之,"消费者"这一概念只是看到了作为商品的"受众",而忽略了作为公民和社会人的"受众"。

然而,以英国传播学者麦奎尔为代表的研究者持有另外一种观

---

[1] 徐娟、田义文:《循环经济视野下消费者环境责任初探》,《商业时代(商业经济研究)》2012年第22期。
[2] 童清艳:《受众研究》,第23页。
[3] 童清艳:《受众研究》,第23页。

点：可以从市场的角度出发理解"消费者"与"受众"之间的耦合关系，如果从市场的角度考虑问题，受众可以定义为特定的媒体或信息所指向的、具有特定的社会经济现象的，潜在的消费者的集合体。[1]郭庆光认为，以麦奎尔为代表的研究者所持有的"把受众看作市场或消费者的观点"是建立在三个基本认识基础上：一是大众传媒是一种经营组织，必须把自己的信息产品或服务以商品交换的形式在市场上销售出去；二是其信息产品或服务具备一定的使用价值或交换价值；三是传媒活动既然是市场活动，那么各传媒机构之间必然存在着激烈的竞争关系，竞争的对象自然是作为消费者的受众。[2]基于以上分析发现，"把受众看作市场或消费者"的观点是需要建立在特定的基本认识之上，但是笔者认为从传播学研究的角度来看，这一观点存在不妥之处。无独有偶，郭庆光在其研究中基于翔实论述的基础上，也指出上文所提及的这一观点是不完善的。

本研究将从以下四个角度，对"消费者"概念进行更深层次的探讨。第一，从传播环境角度分析发现，在大众传播时代与数字传播时代的信息传播环境中，均存在"消费者"这一概念，"消费者"概念是源于经济学中的一个核心概念，在传播学中得到广泛应用。在传播学研究领域，对于"消费者"概念的研究仅仅关注到媒介的消费层面，而忽略了政治层面、社会层面等诸多层面。第二，从传播模式角度分析发现，"消费者"概念最为适用的时期是以消费为主的工业模式时期。第三，从人在传播中所扮演角色的角度分析发现，"消费者"是具

---

[1] D. McQuail, *Mass Communication: An Introduction* (London: Sage Publications, 1983), Chapter 6.

[2] 郭庆光：《传播学教程（第二版）》，第158页。

有经济属性的信息或服务的接受者与自然人,仅仅具有一定的话语权。第四,从概念最为适用环境的角度分析,"消费者"概念在适用性上更偏重于经济学研究领域,若直接用在传播学研究领域其研究视域有些狭隘,且仅仅关注到了人所具有的经济属性,而未将人的社会属性与政治属性放入考虑范畴之内。

基于新技术的创新与推动,在互联网上"我们可以看到生产者和消费者之间的界限逐渐模糊;可以看到产消合一者的地位日趋重要"[1]。此处所提及的"产消合一者",即"生产消费者"(Prosumer)。自阿尔文·托夫勒(Alvin Toffler)提出"生产消费者"概念以来,国际学术界围绕"生产消费者"进行了相关研究与探讨。托夫勒的观点得到了凯文·凯利(Kevin Kelly)的回应,凯利在研究中指出:"使用模式将消费者与生产者的距离拉得更近,实际上,消费者通常也会扮演生产者。"[2]童昕与蔡一帆曾经在Science Direct数据库中,抽取了2015年至2019年3月期间有关"Prosumer"主题词的论文共计1449篇[3],通过论文发表的数量某种程度上可以反映出有关"生产消费者"的研究引起了国内外学界的关注,研究者在研究中越发意识到并验证消费者具有除经济属性之外的其他属性,譬如消费者参与生产创造所体现出的生产属性等。对于学界研究新趋向的出现,笔者赞同托夫勒的观点,认为在第三次浪潮中控制权某种程度上转移到消费者手中,但是"生产消费者"概念的出现难免有些不妥,"生产消费者"

---

[1] 〔美〕阿尔文·托夫勒:《第三次浪潮》,黄明坚译,中信出版社,2006,第172页。
[2] 〔美〕凯文·凯利:《必然》,周峰、董理、金阳译,电子工业出版社,2016,第126页。
[3] 童昕、蔡一帆:《全球化下的"生产消费者"——分布式生产系统研究评述》,《地理科学进展》2019年第10期。

与"消费者"概念本身存在内在矛盾。原因在于,在科学研究层面对"消费者"概念进行界定时,国内外研究者普遍认为,消费者所代表的是不能生产且只能通过消耗其他生物来达到自我存活的生物,显然"消费者"概念与"生产消费者"存在自相矛盾的窘境,在此背景下若采用"生活者"的概念,则更能够诠释出人类具有在第三次浪潮中参与生产的能力与特性。

当前,摆在研究者面前的一个难题是:为什么"消费者"概念在数字时代缺乏解释力?原因主要有:一方面,正如陈刚与李丛杉在研究中所指出的,消费者是一个类型化的概念,类型化需求是规模经济产生的基础,但是小众化需求和个性化需求却难以被满足;[1]另一方面,消费仅仅是人类日常生活的一部分,对于完整的社会人而言,不应把人的消费行为与社交行为、信息行为、政治行为等其他社会行为的关联性相割裂。显然,"消费者"概念仅仅体现了人的单维度的消费行为,而忽略了人所具有的社交行为、信息行为、政治行为等诸多角色与权利。鉴于在由互联网所筑造的数字生活空间中,人的存在形式和社会行为被数字化,此时人在数字生活空间中的存在所具有的特殊性,是无法用原有的"消费者"概念清晰描述的,那么企业对于人的认知,也理应需要由"消费者"层次提升到"生活者"层次。

三、"用户":互联网平台上无血无肉的个体

"用户"(user)作为一个商业化的概念,近些年来通常会在商业领域频繁提及,而在学术研究领域虽研究者也有所涉猎,但提及的频

---

[1] 陈刚、李丛杉:《关键时刻战略:激活大数据营销》,中信出版社,2014,第18页。

率相对较少。"用户"一词最早是经济消费领域热门的词,在《新华汉语词典》中曾经将"用户"概念解释为"顾客,消费者";用户一般是指服务和产品的消费者、使用者,具有主动性和自主选择权。[1]但从概念内涵角度分析而言,"用户"概念看似大体等同于"消费者"的概念,但是不同点在于"用户"被更多地运用在互联网研究领域。

然而,近几年来伴随着互联网的日新月异,传播学中一部分研究者将"受众"与"用户"进行对比分析与研究,且在传播学研究领域出现了由"受众研究范式"向"用户研究范式"转移的倾向。首先,国外研究者艾克·皮昆(Ike Picone)曾经在有关媒体与媒体概念的研究中强调:"'受众'概念在互联网时代已无法涵盖数字媒体的使用维度,而能够取代媒体使用者这一维度的只有'用户'。"[2]通过以上观点可以看出,国外研究者已经关注到了数字传播环境中传播对象的多重维度与属性。其次,在我国学术研究领域中,杨光宗等人指出"新媒体的崛起带来媒介融合深度推进发展,媒体面临与以往大为不同的传播环境,传播对象由大众传播时代扮演信息接收者的'受众',转换为媒介融合环境下全新的、既是信息接收者也是信息发布者的'用户'"[3],这是一种由大众传播时代"受众研究范式"向媒介融合环境下"用户研究范式"的转移。无独有偶,以喻国明为代表的研究者认为,原有的受众研究偏重与适用于单向传播的传统媒体领域,显然在数字

---

[1] 杨光宗、刘钰婧:《从"受众"到"用户":历史、现实与未来》,《现代传播》2017年第7期。

[2] Ike Picone, "Conceptualizing media users across media, The case for 'media user/use' as analytical concepts," *Convergence*, No.4 (2017):378-390.

[3] 杨光宗、刘钰婧:《从"受众"到"用户":历史、现实与未来》,《现代传播》2017年第7期。

传播环境中受众研究面临挑战与转型，"将传播学受众研究升级至用户体验研究，更全面地解释用户的选择倾向，使媒介用户所获'效用'具有可测量性"[1]。

值得注意的是，"用户"概念是从媒介主导者的视角对传播对象进行解释，而非从"人生活的意义"的路径对传播对象进行诠释，其分析路径与"生活者"概念的分析路径存在差异性。

那么，接下来本书将从传播环境、传播模式、人在传播中所扮演角色、概念最为适用环境四个维度，对"用户"概念进行深层次的剖析。首先，从传播环境角度分析发现，"用户"概念出现在传统媒体与互联网媒介融合发展时期，此时互联网上的自媒体频频出现。其次，从传播模式角度分析发现，"用户"概念实际上是在消费和生产紧密结合的社会化模式背景下所提出来的概念。再次，从人在传播中所扮演角色角度分析发现，用户享有信息接受权和发布权，某种程度上用户已经实现"受传合一"并拥有主动的话语权。最后，从概念最为适用环境的角度分析，"用户"概念更加侧重于在互联网研究领域进行运用，概念本身商业化色彩过于浓厚且通常情况下易被业界人士所提及与使用，对于学理层面的研究和概念适恰性的分析，显然学术界存在"力不从心"的窘况。陈刚曾经在《话语的纠缠》[2]一文中，对目前新闻与传播学领域中所存在的话语纠缠问题进行了深入的研究、解剖与提炼概括，研究中指出目前国际新闻与传播界存在三大话语体系，分别为西方的学术话语体系、政府的政策话语体系、业界的操作话语体

---

[1] 喻国明、韩婷、杨雅：《媒介用户的使用体验：研究范式与定量化模型》，人民日报出版社，2019，第2页。
[2] 陈刚：《话语的纠缠》，《新闻与传播评论》2019年第2期。

系。基于上文的分析与论述，本研究认为"用户"概念实则为业界操作话语体系下的概念，"受众"与"消费者"概念起源于西方学术界，这两个概念实则为西方学术话语体系下的概念，且为传播学与经济学研究领域中的重要概念。

四、"公众"：代表特定利益的群体力量

早在古希腊时期，"公众"（public）的概念作为"公民的合称"之意出现。美国研究者约翰·麦克里兰（J. S. McClelland）在所写的《西方政治思想史》（*A History of Western Political Thought*）一书中指出，古希腊时期所提及的公民身份是指"值得一个人挺身维护的特权"[1]，即"公众"概念代表一种特定的权利抑或舆论力量，公众有权利和责任参与古希腊城邦的具体事务和公共活动。反观，在中国古代并未出现"公众"概念，而是出现了一个"类公众"群体，他们正是商周时期的"士"群体。然而，当下对于"公众"的研究已成为政治学、法学、公共关系学与传播学所共同研究的议题。本书将立足于传播学研究范式内，对"公众"概念进行探讨，并对数字营销传播领域范畴内的"公众"概念进行剖析。

对于"公众"概念的理解，沈清在题为《公众对中国广告产业发展的影响研究》的文章中，从国际学术场域对"公众"的研究进行了翔实的梳理，指明公众的发展历程以及公众在社会发展中的作用，在此基础上基于中国广告产业发展的特殊环境，进一步指出，"公众"本身作为一种积极地参与社会进步和产业发展的力量而存在。在发展

---

[1]〔美〕约翰·麦克里兰:《西方政治思想史》，彭淮栋译，海南出版社，2003，第15页。

广告学理论框架中，陈刚创新性地提出了影响中国广告产业发展的四大要素，分别为制度、市场、资本与公众。发展广告学理论中所涉及的"公众"概念是本书所需要探讨的重点。接下来，笔者将从传播环境、传播模式、人在传播中所扮演角色以及概念最为适用环境，多层维度重新审视"公众"概念。

第一，从传播环境的视角分析，与"受众""消费者""用户""生活者"等概念相比较而言，"公众"概念出现的历史最为久远，从文字传播时代的古希腊时期就已出现。自"公众"概念产生以来，其概念的适用传播环境分别经历了文字传播时代、印刷传播时代、电子传播时代，虽"公众"概念的外延发生变化，但某种程度上其概念的内涵与本质并未真正发生变化。第二，从传播模式视角分析，公众进行信息传播所采用的传播模式为传播、生产与创造的社会化模式。第三，从人在传播中所扮演角色视角分析，自古至今，公众所代表的是特定利益的群体力量和群体舆论，他们往往是信息的接受者、传播者、生产者、创造者，有主动话语权、选择权、监督权与媒介近用权。第四，从概念最为适用环境视角分析，"公众"概念适合于公共关系学和传播学研究领域中，概念本身关注于人的主观能动性。

五、"生活者"：数字生活空间中鲜活的个人

数字时代"生活者"概念的出现，是对生活在特定的数字传播环境中的人即传播学话语体系中的传播对象的一种合理诠释。本书将从以下四个维度，深入解析"生活者"概念。

其一，从传播环境维度分析，数字时代的"生活者"概念出现在互联网发展日新月异的数字传播环境中，规模化的人际传播逐渐

解决了大众传播时代"个性化"与"规模化"之间的矛盾。1993年夏天，美国营销研究者达米安·瑞安（Damian Ryan）采访了位于芝加哥的李奥贝纳（Leo Burnett）广告公司直销部门的主管杰瑞·瑞特曼（Jerry Reitman），当时达米安就职于 GO Direct 杂志，在采访中杰瑞指着他面前桌子上的计算机说："这个……就是未来的方向。"[1]正如杰瑞30年前所预言的那样，互联网正在以"现象级"的速度发展，"电视机花了22年的时间才走进了5000万户人家，而互联网仅用了短短的5年"[2]的时间就已遍布全球，现如今显然人类已经处于由互联网技术所构筑的数字传播环境中，而数字时代的"生活者"概念，正是在数字技术所引起的社会转型变革与人的主体意识"觉醒"的背景下所产生的。

其二，从传播模式维度分析，数字时代"生活者"概念是在传播、消费、生产与创造的社会化模式为主的社会背景下所提出的。"生活者"概念的提出是数字时代传播环境变化下，对生活在数字传播环境中传播对象的重新认知、解读与诠释。在数字传播环境中，借助数字技术的赋权，传播对象所扮演角色由单一属性的接受者变成具有多重属性的社会人与自然人，面对传播对象主体意识的觉醒和独立思考意识的崛起，研究者们需要从人的生活意义的角度将传播对象当作数字生活空间中鲜活的个人对待。无论在学术界还是商业界，研究者们均对"生活者"研究有所涉猎与探索，其中杨宇时在经济视域下对"生活者"与"消费者"进行对比研究，并指出："唯有把消费者当成人来

---

[1]〔美〕达米安·瑞安：《理解数字营销》，高兰凤译，电子工业出版社，2017，前言第Ⅵ页。
[2] 同上。

看,即从'生活者'的角度来看经济问题,向人群传播的目的才能实现。"[1]除此之外,在数字营销传播领域,也有部分研究者认为:"对于企业而言,更应该把人作为一个拥有多方面生活内容的实体,整体化、全方位来看待、观察、探知需求,从而寻找营销密钥。"[2]基于对上文的分析,在社会化模式为主的数字传播环境中,数字生活空间已经成为人类赖以生存的物质家园与精神家园,在数字时代对于信息、产品抑或服务对象的认知亦应发生转向,以往被视为"消费者"与"受众"的个人与群体,在由数字技术所构筑的数字生活空间中,转变为具有多方面生活内容与鲜活生命力的"生活者"。

其三,从人在传播中所扮演角色,即传播对象在传播环境中所扮演的角色维度分析,"生活者"是数字传播环境中信息的接受者、传播者(抑或分享者)、消费者、生产者、创造者,集多重角色于一身,出现多重角色"返璞"的趋向。从更深层面剖析,数字时代"生活者"概念的提出,是从人类自身角度出发来诠释生活在数字传播环境中的传播对象,传播对象所具有的独立性、本质性与全面性,通过数字时代的"生活者"概念得到凝聚性的反映。与此同时,由于数字生活空间是一个没有界限的空间,一个没有距离的空间,一个没有等级的空间,[3]也是一个实在的语义空间,因此生活在数字生活空间中的"生活者"借助手中的电脑、手机等数字化载体,具有了主动发声的话语权、选择权、监督权与媒介近用权,某种程度上而言其权利得到进一步的

---

[1] 杨宇时:《消费者与生活者》,《广告大观(综合版)》2010年第9期。
[2] 肖明超:《生活者营销出列》,《广告大观(综合版)》2013年第7期。
[3] 陈刚、沈虹、马澈、孙美玲:《创意传播管理——数字时代的营销革命》,推荐序二第XVI页。

放大化。在本书的第四章中,笔者将针对技术赋权下的"生活者"权利问题展开翔实的论述。

其四,从概念最为适用环境的维度分析发现:数字时代"生活者"概念是在数字技术变革与传播学研究范式转向的背景下提出,它是对于数字技术所引起的传播领域变革的抽象化概括,并提供了在数字传播环境中对传播对象研究的新视角与新范式。技术的赋权使得"生活者"在数字传播环境中拥有传播活性与更多的主动权,这与大众传播环境中规模化与抽象性的"受众"大为不同,生活在数字传播环境中的人,在很大程度上摆脱了原有的被动接受信息的境遇而成为生活的创造者。

基于以上分析发现,数字时代的"生活者"是生活在互联网上活生生的人,他们是生活在数字生活空间中真实鲜活且具有传播活性的个体。笔者所持有的观点是,虽然"用户"概念与"受众"概念相比较而言,前者更能够体现与反映出生活在数字传播环境中的人类所具有的多重角色与权利,某种程度上体现出对于传播环境中的人即传播对象的研究范式的转移;但是,值得注意的是,"用户"概念仍旧无法从"生活的主体"的意义场域来理解人类,"用户"概念的商业化色彩过于浓重,且未显示出对具有鲜活生命、丰富情感、生活主导性的"人"的观照,而"生活者"概念的出现正是从"生活的主体"意义的角度来理解人类自身。从适恰性逻辑角度分析,数字时代"生活者"概念的提出可以弥补目前"用户"概念所存在的弊端与不足,进而从全方位视域下引导人类来理解生活在数字生活空间中的人。

第三节　廓清"异同"：相关概念的交融对比

一、内涵：解构概念的三重属性

概念具有两个基本的且不可或缺的逻辑特征即概念的"内涵"与"外延"。在本小节中，笔者将着重展开对于概念内涵的解析，在对概念的"三重属性"进行翔实分析的基础上，甄别"生活者""受众""用户""消费者"与"公众"这五个概念之间的关联性与差异性。

通常意义上，概念的内涵被理解为对于事物本质属性的反映。匈牙利哲学家弗格拉希曾经在书中指明关于概念内涵的一个极流行的定义，认为："概念的内涵是概念的彼此以某种有秩序的形式联系起来的各种特性的总和。"[1]笔者认同弗格拉希对概念内涵的阐释与理解。那么，概念的内涵到底具有哪些属性？对于概念属性问题的解答，笔者将在下文中展开论述。

从概念的内涵角度来讲，概念通常是由三种属性按照一定的层次抑或秩序排列组合，最终组成一个有机完整的系统。哲学研究领域的研究者张秀廷在翔实论证的基础上指出，概念所具有的"三重属性"分别包括固有属性、特有属性与偶有属性。正如图2.1[2]所示，固有属性、特有属性与偶有属性这"三重属性"之间，如同"洋葱"一样紧紧地相互包围在一起，共同构成了完整的概念内涵属性。但是，值得注意的是，"三重属性"之间并非完全孤立存在，它们在同一属种范围内不同等级的概念中可以相互转化，而这种转化具体体现在："固有属

---

[1]〔匈〕贝拉·弗格拉希：《逻辑学》，刘丕坤译，第140页。
[2]图2.1参考文献：张秀廷：《逻辑概念新论》，第40页；笔者在参考文献资料的基础上结合个人的理解最终绘制而成。

第二章 概念的混用与话语的纠缠

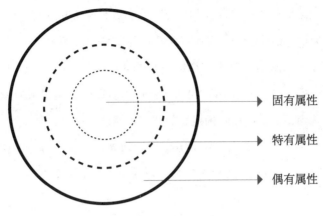

图2.1 概念内涵的"三重属性"

性在其上位概念中转化为特有属性；特有属性在其上位概念中转化为偶有属性，在其下位概念中转化为固有属性；偶有属性在其下位概念中转化为特有属性。"[1][2]基于以上分析可见，概念的"三重属性"之间存在内在关联性，甚至存在一种相互转化的关系，而非完全孤立的存在。

在现有的国内外研究文献中，有关概念"三重属性"的研究可谓是凤毛麟角。通过对以往研究者关于概念"三重属性"的研究进行梳理分析，笔者发现对于固有属性、特有属性与偶有属性的详细剖析与诠释可以在《逻辑概念新论》[3]中找到答案，书中明确指出"固有属

---

[1] 张秀廷:《逻辑概念新论》,第42—43页。
[2] 张秀廷:《偶有属性发微》,《河北学刊》2005年第4期。
[3] 张秀廷:《逻辑概念新论》,第6—7页。

性"通常是指某个事物具有而它的同类事物中其他事物也具有的属性;"特有属性"是指某个事物具有而任何他类事物都不具有的属性;"偶有属性"是指某类事物中如果这一部分具有而其他部分就不具有的属性。对于概念"三重属性"的剖析将对本研究的开展带来启发。笔者的观点认为,上文所提及的概念的"三重属性",可以从适恰性的角度出发作为一种分析概念问题的方法论,用来审视、分析与探讨"生活者""受众""用户""消费者"与"公众"这五个概念之间的关联性与差异性。

二、外延:辨析概念的内在关系

概念的外延是概念逻辑特征中的一个,概念的外延与概念的内涵共同构成概念的基本特征。自20世纪50年代以来,研究者们对于概念的外延所给出的界定中,大体上有三种类型:一是"事物说",二是"对象说",三是"范围说"。[1]以上关于概念外延界定的三种观点存在研究出发点与侧重点上的差异。

具体地讲,首先以金岳霖为代表的研究者持有"事物说"观点,认为概念的外延就是具有概念所反映的特有属性的事物[2],概念的外延同概念一样是事物在人头脑中反映的产物而非事物本身;[3]其次,以吴家国、徐明良为代表的研究者持有"对象说"的观点,他们认为概念的外延就是指具有概念所反映的特有属性或本质属性的对象,通常

---

[1] 同上书,第49页。
[2] 金岳霖主编《形式逻辑》,人民出版社,1979,第22页。
[3] 张秀廷:《逻辑概念新论》,第50页。

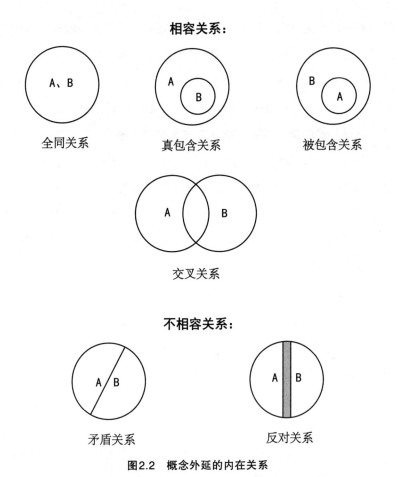

图2.2 概念外延的内在关系

称为概念的适用对象;[1][2]此外,以孙中原为代表的研究者持有"范围说"的观点,认为概念的外延是指概念的适用范围,也就是概念所反

---

[1] 吴家国主编《普通逻辑原理》,高等教育出版社,1989,第29页。
[2] 徐明良:《试谈概念的外延及其关系》,《逻辑与语言学习》1993年第4期。

映的对象的数量范围。[1]虽然以往的研究者们基于不同的视角与侧重点对概念的外延进行了阐释,但是对此笔者所持有的观点是,对概念外延的理解应该更加立体化,应综合上文所论述的"事物说""对象说"与"范围说"三种视角来更加全方位地理解外延的所指。

值得一提的是,不同的概念之间存在"属种关系"等诸多复杂的内在关联性,而所谓的"属种关系"实际上是"属概念"与"种概念"之间的内在耦合关系。具体地讲,通常意义上外延大的概念叫作"属概念",或者亦可称之为"上位概念";外延小的概念则叫作"种概念",可以称之为"下位概念"。那么,概念间的关系可以从宏观层面上划分为"相容关系"和"不相容关系"两大类别。倘若再进行细分的话,研究者普遍认为"相容关系"具体包括全同关系、真包含关系、被包含关系、交叉关系;而"不相容关系"则具体包括矛盾关系与反对关系。正如图2.2中内容所示,本研究通过描绘不同图形之间的耦合关系,进而可以更加生动直观地揭露出不同概念之间的内在关联性。

三、概念间的共通性

不容否认,"生活者""受众""用户""消费者"与"公众"这五个概念所研究的对象都是人类本身,这正是五个概念之间的"共通性"所在。在传播学话语体系中,对于生活在传播环境中的传播对象,研究者们虽然在不同的传播语境中给予传播对象不同的解释路径,但就其本质而言,以上概念所研究的本体与对象都是生活在传播环境中的人类。

---

[1] 孙中原编著《逻辑学》,文化艺术出版社,1988,第5页。

之所以会出现上文所提及的"生活者""受众""用户""消费者"与"公众"这五个概念混用与话语纠缠状态，究其原因笔者发现，此问题主要存在以下三个方面的原因：一是以往的研究者们对于概念的使用语境以及概念的内涵与外延理解上欠缺深入的研究，对概念的边界未给予清晰的界定；二是对概念的解释路径缺乏深层次的思考；三是对于相关概念之间的关系尚未进行厘清。本研究所关注的重点在于对传播学中这五个概念之间的"差异性"的研究，而并非它们所具有的"共通性"。那么，在本小节中，笔者首先对以上五个概念之间的"共通性"进行初步的解析，而在本书下一小节中则展开对概念之间"差异性"的剖析。

一方面，从概念内涵的角度进行解读。当从概念内涵的"三重属性"的视野下对概念进行审视时，笔者发现：上文所提及的"生活者""受众""用户""消费者"与"公众"这五个概念之间具有共同的固有属性和偶有属性。具体地讲，首先，从事物固有属性的角度来分析，"生活者""受众""用户""消费者""公众"所研究的本体实际上都是人类本身，这正是"生活者"这一概念所具有的属性，与此同时也是其他的四个邻近概念中均具有的事物属性。其次，从事物偶有属性的角度来分析，"生活者""受众""用户""消费者"与"公众"这五个概念之间并不存在显著的"非此即彼"的现象与"非此即彼"的事物属性。由此可见，上文所提及的这五个概念之间存在共同的偶有属性。

另一方面，从概念外延的角度进行分析。概念的外延是概念不可或缺且重要的组成部分，它是展现概念范畴大小的重要衡量指标。一般而言，研究者们认为概念的外延与概念的内涵二者之间存在相互依存性。基于上文的论述，不难发现"生活者""受众""用户""消费者"与"公众"这五个概念之间存在复杂且相互耦合的"群种关系"。从概念的外延角度以及宏观的概念"属种关系"视角进行更加细化的分析，本研究发现：在传播学话语体系中，在属概念"传播对象"面前，"生活者""受众""用户""消费者"与"公众"这些概念均属于种概念。鉴于上文的分析与讨论，"传播对象"与"生活者""受众""用户""消费者""公众"概念之间存在"属种关系"。

总而言之，从概念内涵的"三重属性"与概念"属种关系"的维度分析，以上所论述的五个概念之间，均存在一定的共通性与关联性。五个概念之间存在共同的固有属性与偶有属性，与此同时，与"传播对象"概念相对比而言，上文所提及的五个概念与"传播对象"之间存在"种属关系"，而概念之间则存在复杂的"群种关系"。

四、概念间的差异性

虽然"生活者""受众""用户""消费者""公众"这五个概念所研究的对象都是人类本身抑或传播对象本身，但是概念之间存在着一种微妙的交融对比关系。接下来，笔者将从概念的内涵、概念的外延、概念的解释路径这三个维度解析概念之间的"差异性"。

首先，从概念的内涵维度分析，本研究通过深入探讨与分析已经发现："生活者""受众""用户""消费者"概念之间的特有属性存在显著的差异性。具体而言，从事物特有属性的角度来分析，"生活者"概念是从人作为生活主体的角度出发来认识人类，认为人类是生活的创造者而非信息、产品和服务的被动接受者或者控制者。而"受众""用户"与"消费者"这三个概念，则是把人类作为信息抑或产品与服务的接受者,人的主观能动性某种程度上已经被磨灭。基于以上分析,由此可见"生活者"与"受众""用户""消费者"这三个概念相比较而言,"生活者"这个概念具有其他三个概念所不具有的属性。

其次,从概念的外延维度解析,"生活者"与"受众""用户""消费者""公众"概念之间存在差异性,而这种差异性外在表现为一种藕断丝连的关系。"生活者"概念与"受众""用户""消费者""公众"概念之间存在着"相容关系"。具体地讲,"消费者"与"生活者"之间存在"被包含关系";"受众"与"生活者"之间存在"交叉关系";"用户"与"生活者"之间存在"被包含关系";"公众"与"生活者"之间存在"交叉关系"。那么,接下来,本研究用"C"代表"消费者"(consumer)概念,"U"代表"用户"(user)概念,"A"代表"受众"(audience)概念,"P"代表"公众"(public)概念,"L"代表"生活者"(liver)概念,通过图2.3的图示形式,分别生动地诠释出"消费者"与"生活者"、"受众"与"生活者"、"用户"与"生活者"、"公众"与"生活者"概念之间的内在耦合关系。

最后,从概念的解释路径维度商榷,"生活者"与"受众""消费

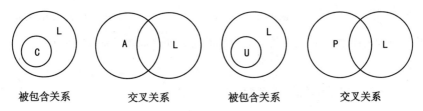

图2.3 从概念外延角度诠释概念之间的关系

者""用户"概念的背后逻辑分析路径是截然相反的。"生活者"概念的分析路径如同现象学的分析路径,是遵循"自下而上"的分析原则,也就是说,"生活者"概念是从人类生存的意义的角度出发,由此展开对生活在数字传播环境中的人进行解构,这是一种从"自下而上"角度对传播对象进行研究与诠释的路径,同时也是一种对数字时代传播学中传播对象的重新建构;然而,"受众""消费者""用户"这三个概念的提出,则与"生活者"概念的解释路径恰恰相反,它们的分析路径与传统形而上学的分析路径相似,是遵循"自上而下"的分析原则,这显然是从传播环境与媒介主导者的角度出发,而非从生活在传播环境中的人类自身的角度出发来研究传播对象,进而由此来确定生活在传播环境中人的属性、角色、权利与地位。

第四节 数字时代"生活者"概念的适恰性逻辑

在上一小节中,研究者在将"生活者"概念与"消费者""受众""用户""公众"这些具有耦合关系的概念进行对比分析时,分析的最终目的是成功地解释生活在数字传播环境中的人类所面对的新现象与新环境,并在此背景下对于生活在数字传播环境中的人类的角色、身份与定位进行核心概念的重构。在概念重构的过程中,所表现出来的状态是一种概念转化中的"顺应"状态,而非简单的概念"同化"。

一、"数字时代"的缘起

由于在以往的研究中,国内外研究者们通常将"数字时代"(the

digital age）作为一个研究的背景，而未对"数字时代"有一个清晰的廓清与交代。因此，在本小节中，笔者希望能够对"数字时代"有一个明确与清晰的阐释，在廓清"数字时代"历史分期的基础上，深入探讨在数字时代对于传播对象的研究中，选择"生活者"概念的适恰性。那么，在本小节中，研究者首先所需解决的问题是：到底"数字时代"是从何时开始的？它是一个怎样的时代？

国外研究者南加州大学的希尔伯特和圣地亚哥加泰罗尼亚开放大学的洛佩兹于2011年在世界顶尖级科学类杂志《科学》（Science）上发表了一篇题为《全球信息存储、传输和计算能力》（The World's Technological Capacity to Store, Communicate, and Compute Information）[1]的论文，这篇有关世界存储、传播和计算信息技术能力的文章中，明确指出：截至2000年，数字媒介占全球所有信息量的25%，2002年数字存储量超过了非数字存储量，可以说2002年是"数字时代元年"[2]，到2007年地球上94%的信息存储能力都是数字化的，人类自2002年始已进入真正的"信息时代"或者"数字时代"。与此同时，研究人员在1986年至2007年间测算了60个部类的模拟和数字技术，而其结果也恰恰反映了我们人类几近完全地向数字时代的转变。[3]基于以上分析，笔者认同希尔伯特与洛佩兹的研究，并将2002年视为"数字时代元

---

[1] Martin Hilbert and Priscila López, "The World's Technological Capacity to Store, Communicate, and Compute Information," *Science*, No.6025(2011):60-65.

[2] Exabytes, "Documenting the 'digital age' and huge growth in computing capacity," November 14, 2018, http://www.washingtonpost.com/wp-dyn/content/article/2011/02/10/AR2011021004916_2.html?sid=ST2011021100514.

[3] 科学网：《2月11日〈科学〉杂志精选》，http://news.sciencenet.cn/htmlnews/2011/2/243935.shtm，访问日期：2019年12月4日。

年",这一年是人类迎来"数字时代"的开端之年。除此之外,为了便于语言表述与语义内涵的相对统一,本研究将2002年以前的社会称为"前数字时代",将2002年及其以后的社会称为"数字时代"。

在数字时代,人类社会所面对的一切事物都在趋向于数据化,虚拟化的网络世界与现实的物理世界融为一体。当我们人类将感性的感觉转换成数字化的物质后,社会景象与人物形态便以另一种形式生动地显现出来。世间万物的"数据化"转向,已经成为生活在数字时代的人类认识世界的一种重要的手段。

[**案例2-1**]:笔者在对出生于2010年9月3日的小学生A13-ZXQ进行半结构访谈时,有下面这样一段对话。笔者问:你还记得大约何时开始学会使用互联网吗?A13-ZXQ:大约从五六岁我记事儿(记忆意识)开始我就会用手机。A13-ZXQ的母亲A12-SZ在一旁补充说:现在的小孩儿差不多三周岁就会用智能手机了,通过互联网来看动画片。笔者继续询问小学生A13-ZXQ:你还记得你是如何学会使用互联网的吗?A13-ZXQ:看着大人(家长)玩就会了,自然会的,从来没有人教我。现在我还经常教我的姥姥和姥爷用互联网,他们没有我用得熟练,我教他们用手机看今日头条和抖音(A13-ZXQ脸上稍稍露出自豪的表情)。我的姥姥和姥爷平时喜欢看今日头条,我更喜欢看抖音小视频,抖音上面有一些搞笑的视频片段、有趣的小游戏,还能刷视频点赞,所以抖音在我看来更加有趣味。(受访者A12-SZ,女,33岁,小学校长,山东德州;受访者A13-ZXQ,女,10岁,小学生,山东德州)

上文案例中的被访谈对象A13-ZXQ出生于2010年。2020年1月27日，笔者对A13-ZXQ进行回访时，其人仅有10周岁，是人们通常意义上所称为的"10后"，在她出生时人类早已进入以数字存储为主的数字时代，而她所处的环境显然是一个由技术所构筑的数字化的生活空间，对于互联网的使用在耳濡目染中已经浸入她的"骨髓"，A13-ZXQ对互联网的使用不需要身边的老师和父母来教导，而是在日常的生活中通过对身边人的模仿自然习得，A13-ZXQ对于身边由互联网所构筑的世界充满好奇，同时又认为这一切都理所当然。

此外，笔者曾经在2019年12月与2020年1月分别对来自江苏南京四周岁的幼儿园学生男A20-XHR及其母亲A19-LHR，来自辽宁沈阳的仅有三周岁半的幼儿园学生男A31-XSC及其母亲A30-SCC，来自新疆乌鲁木齐五周岁的幼儿园学生女A43-XSL与三周岁的幼儿园学生女A44-XZJ及二人的母亲A42-LM，来自山东青岛被采访时仅有四周岁的幼儿园学生女A46-MXH和其母亲A45-SLN进行了一系列的深度访谈，访谈的结果进一步验证了笔者上文的观点。以A13-ZXQ、A20-XHR、A31-XSC、A43-XSL、A44-XZJ、A46-MXH为代表的当今社会年轻的"00后"以及"10后"生活者们，已经成为"数字时代原住民""数字时代原生代"抑或"数字时代土著"。

在此背景下，信息技术与载体的创新带来了人类传播媒介的变迁，而传播媒介的变化正在改变人类信息传播的方式、生活的环境乃至生产的方式。具体而言，正如中国科学院自动化研究所复杂系统管理与控制国家重点实验室科研人员袁勇、王飞跃所指出的："互联网近年来的迅猛发展及其与物理世界的深度耦合与强力反馈，已经根本性地改变了现代社会的生产、生活与管理决策模式，形成了现实物理世界——虚拟网络空间紧密耦合、虚实互动和协同演化的平行社会空间，催生了'互联网＋'和工业4.0等一系列国家战略。"[1]袁勇等自然科学领域研究者的分析，进一步印证了互联网已从根本上对人类社会带来变革性的影响。无独有偶，在国际学术研究领域，长尾理论的提出者克里斯·安德森（Chris Anderson）在接受《新京报》记者采访时，一再强调："切记，互联网革命的真正意义不在于我们能够有更多选择，购买更多产品，而在于我们能够制造自己的产品供其他人消费。"[2]在前数字时代中，人类是被动的产品与服务的"消费者"和大众传播时代被动接受信息的"受众"。现如今，现实物理世界与虚拟网络空间的融合使得人类进入一个崭新的数字时代，信息的数字存储量在信息的总储存量中的比重越来越大，早已成为大势所趋，且数字存储量已经处于绝对的垄断地位，人类生活在由数字组成的数字生活空间中，人类的角色、地位、能力抑或权利也随之发生了转变。

除此之外，从消费的角度分析发现，虽然在数字时代受到经济发展水平、数字技术发展阶段、物质资料丰富程度等诸多因素的影响，全球各国"生活者"的消费观念存在地域的差异性，但普遍呈现出的趋势是"生活者"追求人的全面发展的消费观念正在被渗透与扩散，这与前数字时代世俗化与从众化的消费观抑或非理性思潮影响下的消费观显然不同。在《70年消费观念变迁的哲学反思》[3]的研究中，杜仕菊等人从历史的维度，针对新中国成立以来中国人消费观念的变迁

---

[1] 袁勇、王飞跃：《区块链技术发展现状与展望》，《自动化学报》2016年第4期。
[2] 中国新闻网：《长尾理论创始人提出创客理论：全民数字时代到来》，https://www.chinanews.com.cn/cul/2012/11-22/ 4348197.shtml，访问日期：2022年8月31日。
[3] 杜仕菊、程明月：《70年消费观念变迁的哲学反思》，《长白学刊》2019年第5期。

进行溯源，指出消费观经历了"禁欲节俭的消费观、世俗化与从众化的消费观、非理性的消费观以及党的十八大以来由进步文化引领的消费观，即追求人的自由全面发展"的历史性演化与变迁。伴随着经济的繁荣发展与人类物质生活的日趋丰富化，从前数字时代向数字时代的演进过程中，"生活者"的消费观念也面临着新的转向与演变。当人类物质生活变得愈加丰富之后，人类对于自身主体性、独立性与全面性的精神生活的追求也随之发生转变，"生活者"追求自身自由全面发展的自觉性，在由数字技术所构筑的数字生活空间中正在被重新"唤醒"。

二、"自由向前"主体自觉的显现

信息技术所改变的不仅仅是人类所面对的外部世界，同时也在改变着人类对自身的认知与理解，原有的信息传播环境中人类主体的"被动性"，正在由技术的加持与驱动下逐渐转变为主体的"自觉性"。具体地讲，以杨雅为代表的研究者认为，"媒介技术已经深刻改变了我们对自己进行界定、对自己的可能性进行发掘的方式，而这种方式在过去是完全无法想象的……我们需要有选择媒介技术的权力，更需要有摆脱媒介技术依赖的能力，就如曾格提塔所说的具备'自由向前的主体自觉'"[1]。当人类具有了"自由向前"的主体自觉时，人类对原有的单维度、受到束缚与控制的社会角色会产生不满的情绪，譬如上文所论述的经济属性的"消费者"身份，信息被动接受的"受众"，代

---

[1] 杨雅：《虚拟技术的在场效应认知：基于隐喻抽取法（ZMET）的研究》，《国际新闻界》2018年第7期。

表特定利益的群体力量"公众",互联网上的"用户",以上这些身份都无法诠释出生活在数字社会中的人类对自身的定位,此外以麦奎尔、拜欧卡等为代表的研究者,曾经在研究中明确指出"受众"等概念所指对象正在消解,甚至认为"我们留下了这个熟悉的词语,但是这个词语所指代的事物本身却消失了"[1]。在此种困境与不满情绪的笼罩下,从人类主体性的角度以及人类是生活在数字生活空间中的"生活者"的角度,来定位人类自身身份、角色与权利则变得急不可待。

2018年3月至2020年4月期间,笔者曾经对98位被访谈者进行一对一访谈。通过深度访谈发现,数字时代"生活者"的"自由向前"的主体自觉在被逐渐唤醒,对于"生活者"而言,"劳动是自由的生命表现,因此是生活的乐趣"[2]。通常情况下,学者们将"生活者"研究视为思考人类生命活动的范畴。但是,值得研究者们所注意的是,"生活者"对自身在数字生活空间中的角色和权利的定位与变化尚存在认识上模糊的境况,与此同时,对于数字时代与前数字时代的认知存在不足。基于以上背景,本研究将在第四章中,对于数字时代"生活者"在数字生活空间中所扮演的角色与其所拥有的权利进行探究。

数字技术的发展某种程度上使得数字时代"生活者"的主体意识得到进一步的唤醒,并在数字生活空间中得到放大与扩散。在数字技术日新月异与"生活者"消费生活被解构和重构的过程中,有一个值得研究者进行深思的问题是:倘若人类的私生活领域都已经被数字技

---

[1] 〔英〕丹尼斯·麦奎尔:《麦奎尔大众传播理论(第六版)》,徐佳、董璐译,清华大学出版社,2019,第336页。
[2] 〔德〕马克思、恩格斯:《马克思恩格斯全集(第四十二卷)》,中共中央马克思恩格斯列宁斯大林著作编译局译,人民出版社,1979,第38页。

术所掌握、控制和被经济开发,那么在此假设背景下,是否人类会成为被消费更加深入"浸入、侵蚀和溶解"的"消费者",到那时"生活者"是否还存在?归根结底,对于这一问题的解答与回应,实际上是在解决"个人生存世界所面临的困境"与"伸张主体性"之间平衡与矛盾的问题。哲学领域的研究者更多的是从生活的本源与生活的意义角度,对人类最为本质性问题进行思索、解释与预测,在科学技术与人文交叉路口善于沉浸思考,研究者所普遍持有的观点是,"个人生存世界面临的困境与伸张主体性的要求并行不悖"。其中,杜仕菊与程明月等哲学领域学者以马克思主义理论为思想武器与方法论,更加明确地表明"以马克思主义理论为逻辑起点,防范由非理性消费思潮带来的酸蚀,从而使个人、社会和国家的未来发展通达物质文明与精神文明相协调的澄明之境"[1]。

"生活者"生存世界面临的困境与伸张主体性之间并非存在不可调和的矛盾,相反二者之间并行不悖。那么,在未来倘若数字技术使得"生活者"的私生活被控制与被经济开发时,"生活者"所具有的伸张主体性的意识以及理性的思维将成为抵抗被消费"浸入、侵蚀和溶解"的最有力的武器,数字时代的"生活者"并不会因被数字技术浸入、侵蚀和溶解的"消费者"的出现而被替代,"生活者"消费需求的存在为数字社会生产提供向导。数字时代的"生活者"正在挽回或保护我们人类作为人而不仅仅是"消费者"的全面价值性与独立性,借助"生活者"这一概念,人类的本质性、全面性与独立性得到凝聚性的反映。

---

[1] 杜仕菊、程明月:《70年消费观念变迁的哲学反思》,《长白学刊》2019年第5期。

三、数字传播环境中"生活者"概念的适恰性

数字时代"生活者"概念与前数字时代"生活者"概念的差异可以从内在本质性、外在特征性与应用实践性三个维度进行区分。一是内在本质性的甄别。在数字时代"生活者"概念的出现与数字技术存在耦合关系，技术作用于数字时代"生活者"的产生，与此同时"生活者"反作用于技术的发展，促进数字技术更新迭代；相反，在前数字时代，"生活者"概念的演变与数字技术的发展之间，并未存在天然的关联性。二是外在特征性的差异。生活在前数字时代大众传播环境中的"生活者"，具有匿名性、规模化与群体性的显著特点；相反，生活在数字时代数字传播环境中的"生活者"，具有真实性与数据化、个体性与规模化、互动性与理性化的特质。三是应用实践性的区别。在数字时代，数字营销商业模式需要从思维层、策略层与实施层进行重新架构，而这一切是前数字时代未曾想象且并未实现的景观。

"生活者"概念的形成是一个复杂的过程，它所反映的是一个客观理性的对象。由于客观对象本身所处时代背景和社会环境不同，因此概念是特定事物与对象在特定环境中的呈现，数字时代"生活者"概念是对生活在数字传播环境中的人类的自然呈现。就其外延来说，"生活者"本身是一个宽泛的概念，然而究其内涵而言，数字时代的"生活者"又有其特定含义与所指，此前笔者在对数字时代"生活者"内涵进行新探的基础上，已对"生活者"概念进行翔实的阐释与界定。

在数字时代，数字媒介传播形态的出现是基于信息技术的不断创新驱动，"作为媒介形态变迁的重要驱动力量，技术的每一次迭代更新都带来传播质量和效率的极大提升，增强媒介对前技术环境的复制能

力,模糊虚拟与现实的边界。技术的合目的性和合手段性的复合性,又会在技术得到成功推广运用后引发社会制度、社会组织的改变以产生容纳新技术的情景,从而导致人类认知模式、交往方式、社会结构的改变"[1][2]。而在下文中,笔者在对被访谈人A12-SZ进行深度访谈的过程中,更进一步印证出数字时代"生活者"认知模式、交往方式乃至社会结构的转变,从更深层次的角度分析而言,这一转变的表象背后折射出上文中陈刚在《数字革命三部曲》中所提出的技术创新对于人类传播方式、生活方式、生产方式带来变革的深层内涵。

[**案例2-2**]:笔者在对小学校长A12-SZ进行深度访谈时有下面这样一段对话。笔者问:您平时每天和互联网接触的频率高吗?A12-SZ:现在我们都离不开网络,包括教体局(现在教育局和体育局合并后统称为"教体局")下通知,就会通过微信来下通知。原来是通过"电话"发红头文件下通知,后来变成通过"邮箱"发通知,现在直接变成从"微信"上发通知了。如果没有网络我就会错过通知,天天都会有通知发放,我们教体局有十多个群,每个口(科室)一个群。我自己的工作需要网络,我现在在给我们学校里面的老师们下通知的时候,也都需要网络和微信。说到这里时A12-SZ话语停顿下来,她拿出手机快速地找到教体局的微信群,并随手从其中截取了三个微信群向笔者进行逐个展示,这三个群分别为:"基教工作交流校长群(102)""教体系统联络

---

[1] 喻国明、韩婷、杨雅:《媒介用户的使用体验:研究范式与定量化模型》,第149页。
[2] 韩婷、喻国明:《传播媒介对受众长时记忆的影响研究——基于认知神经传播学的研究范式》,《新闻大学》2019年第1期。

群（173）""电教仪器校长工作交流群（83）"，每一个群名后面括号中的数字代表着本群的人数。（受访者A12-SZ，女，33岁，小学校长，山东德州）

正如上文中小学校长A12-SZ所描述的，在技术的推动下人类的认知方式与社交方式越来越便捷化，不仅人类的日常生活交往更加方便，同时人们在工作中的效率也在逐步提高。面对人类认知模式、交往方式乃至社会结构的改变，在技术的赋权下人类对于自身的理解与认知也在面临转变，原有的大众传播环境中的"受众"概念、媒体消费环境中的"消费者"概念、互联网使用过程中的"用户"概念都已经无法清晰地描绘出生活在数字传播环境中的人类。数字时代，在面对研究范式更替的社会大背景下，人文社会学科面临新的挑战，而作为与技术发展密切相关的新闻与传播学科同样面临着挑战与转型，人与媒介、社会之间的关系紧密相连，而对于生活在信息传播环境中人的研究变得比以往任何一个时代更加重要，人类的主动性与权利意识比前数字时代更加强烈，他们希望自己能够成为生活的创造者与主导者，而"生活者"概念的提出，恰好切合了人类对于人的生活意义的追问。因此，数字时代"生活者"概念的提出是一种历史主义的实然，而非停留在一种理性主义的应然层面。数字时代"生活者"的存在是一种事实，而非仅仅是一种主张与观点。

第三章 源于实践:创意传播管理及"生活者"概念的选择

第一节 理论研究与现实实践的关联性及理论闭环的形成

一、何为理论:一个正本清源的问题

在社会科学领域,不同细分领域的研究者们在研究的过程中普遍认同理论研究的重要性,但鲜少有研究者对理论本身进行反思。那么,何为理论?理论的标准是什么?理论的功能与价值是什么?什么是社会科学的理论建构?学术界往往对这些基本而又核心的问题视而不见抑或主观臆断,更有甚者撇弃这些基本性的问题直接谈及理论的创新与建构,而研究者倘若真正静下心来去探究这一系列根本性的问题,则变得甚是可贵。

通常情况下,"理论"被认为是具有多重含义的术语。因此,不同的人在使用"理论"一词时,他们所理解或所指的可能根本不是同一

种含义。[1]笔者在结合现有研究的基础上,借鉴了国内外研究"理论"这一议题中具有典型代表性的学者的观点,将"理论"概念主要概括为以下三种含义:

第一种观点,理论是人们由实践抽象概括出来的对世界的系统化的理性认识。持有此观点的代表性人物有林聚任、刘玉安等人。早在1980年,辞海编辑委员会曾经在《辞海》中,对"理论"概念进行界定,认为理论即是概念、原理的体系,是系统化的理性认识。[2]此后,在大家所普遍认可与接受的《现代汉语词典(第7版)》中,进一步指出理论是"人们由实践概括出来的关于自然界和社会的知识的有系统的结论"[3]。与此同时,在学术界研究者林聚任对"理论"的概念也进行过翔实的阐释,认为"理论是对事物及其关系的抽象概括,是关于事物和现象的基本知识"[4],强调了理论是从现实现象或具体实践中来,即"理论来源于实践",是对实践中的事物与现象的一种抽象化的概括。

第二种观点,理论是指逻辑上相关并与经验相符的一组命题。[5]持有此观点的代表性研究者是美国社会学家罗伯特·默顿(Robert Merton)。默顿认为,在社会学理论中,"所见到的更多的是各种概念而很少有一致性的理论,更多的是观点而很少有定理,更多的是策略

---

[1] 林聚任、刘玉安主编《社会科学研究方法(第二版)》,山东人民出版社,2004,第50页。
[2] 辞海编辑委员会编:《辞海》,上海辞书出版社,1980,第1213页。
[3] 中国社会科学院语言研究所词典编辑室编《现代汉语词典(第7版)》,商务印书馆,2016,第799页。
[4] 林聚任主编《社会科学研究方法(第三版)》,山东人民出版社,2017,第44页。
[5] D. McQuail, *Audience Analysis* (London: Sage Publications, Inc., 1997), p.9.

而很少有结论"[1]。默顿是在用一种对比的方法来强调理论本身应该具有内在的逻辑性、系统性与学理性，而非简单的各种概念的组合、观点的拼凑抑或是感性和表象的策略描述。

第三种观点，理论是把两种以上的概念或变量结合起来的命题。持有此观点的代表性人物是美国方法论学家H. M. 布莱洛克（Hubert M. Blalock）。某种程度上，布莱洛克是在对默顿此前所持有的"理论是一套逻辑上相关的假定"观点的基础上，进行进一步细化，他更多的是在经验和操作的意义上对理论做出说明，[2]布莱洛克在研究中指出，"理论不只是一组概念体系或类型，还必须有能把两个以上的概念或变量结合起来的命题"[3]。布莱洛克在研究中寻找社会学理论概念与经验现实之间的结合点，与此同时，他所撰写的《社会统计学》（*Social Statistics*）一书在学术界也产生了广泛的影响。然而，一部分学者以带有批判性的眼光来看待布莱洛克的研究，认为布莱洛克将默顿的中层理论概念具体化为可进行定量研究和分析操作的经验概念，这一趋向虽然符合社会学计量化和电子计算机化的潮流，但却引起了人文主义者的不安和反感。[4]

上述观点第一种是中国研究者提出来的，而第二种与第三种则皆为西方学者所提出。具体而言，第一种观点强调理论的抽象性与整体性，第二、三种观点则分别强调理论的逻辑性和可操作性。基于上文

---

[1] 转引自林聚任主编《社会科学研究方法（第三版）》，第44页。
[2] 林聚任主编《社会科学研究方法（第三版）》，第44页。
[3] 同上。
[4] 百度文库：《实证社会学方法论》，https://wenku.baidu.com/view/dac32537ee06eff9aef80700.html?from=related&hasrec=1，访问日期：2019年12月5日。

的分析与讨论，笔者认为第一种观点更加符合中国人的思维以及中国人对于"理论"的理解。然而，对"理论"概念的认识与理解不能仅仅停留在第一种观点对于理论的阐释中，而应从更深层次上来解释理论的内在本质。对于理论的内在性质的理解，笔者认同研究者吴炫的观点。吴炫在《何为理论——原创的方法与实践》一书中指出，理论的内在性质体现在三个方面：一是理论始于理论家独特问题的提出；二是理论成于理论家对既有理论的批判；三是理论终之于理论家独特的概念、范畴和理解。[1]实际上，吴炫对于理论的认知与阐释强调了理论所应具有的独特性和批判性。所谓"独特性"，是指理论要具有独特的问题意识，具体来讲是特定历史阶段的独特的问题意识；所谓的"批判性"，则是指理论的提出，需要对既有理论进行批评，指出与批判既有理论所存在的问题，进而提出具有现实解释力的新的理论。毋庸置疑，不同的理论有各自自身的功能与价值所在。一般而言，笔者认为理论的功能与价值主要体现在两个方面：一方面是原创性地创造，即理论是一种创造性的精神生产活动；另一方面是批判地生产，即理论是一种批判性的精神生产活动。

二、"源头"：理论源于实践

有中国学者论说："凡著述，有经验性、实用性而无理论性、前瞻性，失之过浅；有理论性、前瞻性，而无经验性、实用性，失之过虚。"[2]"理论"与"实践"如同一枚硬币的两个面向，相互关联且密不

---

[1] 吴炫：《何为理论——原创的方法与实践》，中国社会科学出版社，2013，代序第1—9页。
[2] 〔美〕E·M·罗杰斯：《传播学史：一种传记式的方法》，殷晓蓉译，上海译文出版社，2012，序第2页。

第三章 源于实践：创意传播管理及"生活者"概念的选择

可分。理论源于特定时期的现实实践，而非虚拟构想。正如美国研究者乔治·E. 马尔库斯（George E. Marcus）与米开尔·M. J. 费彻尔（Michael M. J. Fischer）所论："人类学者将其精力集中于一种不同于过去的整体观（holism），他们不再提出放之四海而皆准的大理论，而是把注意力转向某一具体的生活方式的充分表述。这种新的整体观，旨在通过最细致的观察，提供有关某一生活方式的全面图景。"[1]而马尔库斯与费彻尔笔下所描述的"提供有关某一生活方式的全面图景"，实际上就是在对社会现实的观察与实践观察基础上的抽象化，不仅人类学需要田野观察与实践，其他人文社会学科亦如此，从而更进一步印证了"理论源于实践"这一论断。"理论源于实践"环节是"逻辑起点"[2]环节，逻辑起点是理论建构最基本的范畴。

在解读理论建构之前，我们需要清晰地了解理论的构成元素。一般而言，"概念""变量""命题""假设"成为人们普遍意义上所认为的"理论的四元素"，理论的构成元素是进行理论建构的前提。事实上，社会科学研究是从"经验观察"（实践）到"理论"（理论建构），又从"理论"到"经验观察"这样一个不断循环往复的过程。

那么，社会科学应该如何进行理论建构？对于这一问题，概括而

---

[1] 〔美〕乔治·E. 马尔库斯、米开尔·M. J. 费彻尔：《作为文化批评的人类学：一个人文学科的试验时代》，王铭铭、蓝达居译，生活·读书·新知三联书店，1998，第44页。

[2] 所谓的"逻辑起点"就是构建理论体系最基本的概念或范畴。金顺福所写的《概念逻辑》一书，对"逻辑起点"进行了详细的阐释，认为："逻辑起点并不是由我们随意确定的，而是有其先决的条件和客观的依据。要合理地确定逻辑起点，首先，被选作起点的事物对象必须是充分发展的。"这些最基本的概念或范畴"必须是对象的某种特性和关系的极度的又是适度的抽象，以至于它能成为该对象之具体多样性统一的基础"。

言社会科学的理论建构存在两种不同的方式（图3.1所示）：第一种是用归纳推理法进行归纳式理论的建构；第二种是用演绎推理法进行演绎式理论的建构。归纳式理论建构与演绎式理论建构是两种迥然不同的理论建构路径。具体地讲，归纳推理法是从个别事实中推演出一般原理的逻辑思维方法，推理思路是从"个别"到"一般"；然而，演绎推理法则是从"一般"到"个别"，从逻辑或理论上预期的模式到经验观察，最后检验原来的理论模式的过程。[1]归纳推理是从个别现象与实践推演出一般性的原理；相反，演绎推理虽然是从逻辑或理论上预期的模式到经验观察，但实际上逻辑或理论上预期的模式与假设的形成，也同样是在对现实实践观察的基础上所形成的经验。

综上分析发现，任何理论都是从社会现实与经验事实中抽象出来的。譬如，以从个案中进行理论建构为例，"近年来从个案研究中建构理论是社会科学中一种日益流行的研究路径或策略"[2]。准确地讲，所谓的从个案研究中建构理论的方法，正是采用了从具体的现实案例与实践中进行提炼与概括，进而进行抽象化的理论建构。

除此之外，有一个问题值得关注：为什么一种理论的诞生不能作为普遍的真理，被所有文化、所有民族和不同时代的人用来解释似乎可以被这个理论解释的现实和现象？研究者吴炫给出了合乎情理的答案："因为理论家所认为的现实问题需要这样的理论来面对，因此'问题'的产生直接决定了理论的性质、内容、对象与功能，也决定了理论的作用只能面对该时代该问题，一旦时代和问题发生变化，理论的

---

[1] 林聚任、刘玉安主编《社会科学研究方法（第二版）》，第62—66页。
[2] Kathleen M. Eisenhardt, "Buliding Theories from Case study Research," *The Academy of Management Review*, No.4 (1989):532-550.

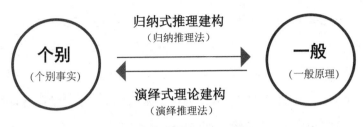

图3.1 理论建构方法与路径

'作用'便只能转化为对直面新问题应该产生的新理论的'影响'和'启发',但却不能直接用来解释、描绘他们所处的现实及其面对的新问题。"[1][2]基于上文的论述,我们可以看到理论与概念的产生,是基于特定时期的实践与独特的现实问题所提出的,创意传播管理理论与"生活者"概念的提出亦如此。

三、"抽象化与预测力":理论超于现实

在理论建构的过程中,对实践进行抽象化的概括是理论建构中至关重要的一个环节,是研究者对理论进行学理层面建构的过程,是思维从起点到终点的中间环节即"逻辑中介"[3]环节,同时亦是理论的精髓所在。一个具有前瞻性的理论不仅能够对现实提供强大的解释力,

---

[1] 吴炫:《何为理论——原创的方法与实践》,代序第2页。
[2] 吴炫:《什么是真正的理论?》,《文艺理论研究》2010年第4期。
[3] 所谓的"逻辑中介"是思维从起点(抽象)到终点(具体)的中间环节。在《概念逻辑》一书中,研究者金顺福对"逻辑中介"进行了详细的阐释,认为:"在思维的上升运动中,起点和终点之间存在着一系列的概念、范畴以及它们的相互联系和过渡,只有经过这样的逻辑中介,思维才能从最简单、最抽象的概念、范畴出发,按照对象内在的客观必然性,逐步依次地过渡到愈来愈复杂、愈来愈具体的概念、范畴,最后构成一个完整的理论体系。"

而且还能够对未来提供预测力与前瞻力。具体而言，这种预测力与前瞻力表现在，理论给特定领域中具体问题的未来发展提供一定的理论与方向的指导，正所谓"理论超于现实"。

理论研究是科学研究的重要面向，无论人文社会科学还是自然科学，针对具体的研究问题都会面临理论建构的需求。库恩曾经对于理论的重要性给予肯定。库恩如同卡尔·波普尔（Karl Popper）和其他许多的前辈所持有的观点一样，认为"科学中第一位的工作是理论性的。他尊崇理论，即使他对实验颇为看重，这也只能退居第二位"[1]。由此可见，理论建构在科学研究中的重要性，理论超于现实的解释力与预测力更是科学研究中所追求的方向。

具体地看，倘若一个理论仅仅只限于对现实具有一定的解释力，那么，随着时间的推移该理论本身很快就会面临困境、缺乏解释力且逐渐被时代所淘汰。首先，通过"库恩理论"来论证理论的解释力与预测力。库恩曾经于1962年在《科学革命的结构》一书中以物理科学及其历史作为其研究模型，如今距离库恩理论的提出已过去多年，纵然当下的世界已经今非昔比，但是"面对当今丰富多彩的生物技术世界，库恩书中的观点在多大程度上依然正确"[2]，库恩理论的抽象化和其本人的预测力是值得世人为之震惊与赞叹的。其次，以具体的营销传播理论为例来分析理论的发展与迭代。由美国营销专家杰罗姆·麦卡锡（Jerome Macarthy）在20世纪60年代所提出的"4P理论"，之所以后来被罗伯特·劳特朋（Robert Lauterborn）所提出的以消费者需

---

[1]〔美〕托马斯·库恩：《科学革命的结构（第四版）》，金吾伦、胡新和译，北京大学出版社，2012年，导读第10页。
[2] 同上书，导读第3页。

求为导向的"4C理论"所取代,究其原因在于,"4P理论"仅仅停留在对20世纪60年代所处的社会现实的解释,而缺乏一定的预测力以及对未来的解释力。除此之外,"4P理论"在面对新的社会情境、传播环境与经济发展变化时,并未进行及时的修正与建构,理论的提出者在某种程度上并未看到理论建构是一个不断发展的动态过程,因此"4C理论"的出现使得"4P理论"逐渐被取代。由此可见,一方面,理论要对现实实践进行抽象化的理论概括;另一方面,理论也要具有一定的预测力,并非仅仅是基于现实而讨论现实抑或基于实践而讨论实践。

在我们这个时代,具有解释力、判断力与预测力的新理论才是我们当下时代所匮乏的。研究者们普遍认为创意传播管理理论正是一个具有解释力、判断力与预测力的理论。主要原因在于,面对互联网所带来的研究机遇与研究挑战时,更需要研究者们静下心来甘愿"坐冷板凳",在长期观察、批判、比较与不断反思的基础上,重新构建一套符合互联网时代特征的理论体系。而当研究者们都在用传统的概念、理论、框架抑或体系来研究互联网与数字营销传播时,创意传播管理理论的出现则是运用新的概念、框架与理论体系来解决目前以及未来互联网领域与数字营销传播领域所面临的问题。

理论有其"抽象意义"与"具体意义"。在中国现代哲学中,20世纪50年代末,冯友兰先生"不仅以'新理学'建立起自己的形而上学理论,而且以'抽象继承法'引起了学界的讨论和争议"[1]。冯友兰曾经于1957年在《光明日报》上,发表题为《中国哲学遗产的继承问题》

---

[1] 吴炫:《何为理论——原创的方法与实践》,第51页。

的重要文章,在文章中研究者不仅提出了全面了解中国古代哲学遗产和继承中国哲学遗产的方法,而且论述了"抽象意义"与"具体意义"二者之间的关系。针对理论的双重意义这一问题,冯友兰认为"在中国哲学史中,有些哲学命题,如果作全面了解,应该注意到这些命题的两方面的意义:一是抽象的意义,一是具体的意义……在了解哲学史中的某些哲学命题时,我们应该把它的具体意义放在第一位,因为,这是跟作这些命题的哲学家所处的具体社会情况有直接关系的。但是它的抽象意义也应该注意,忽略了这一方面,也是不够全面"[1]。在冯先生的论述中,对"抽象意义"的论述指的是对于事物或者生活所抽象概括的概念或理论上的东西;而"具体意义"则偏重于社会实践本身,具体到生活方式之类的事物,抑或可以理解为理论在特定时代的特定解释与运用。冯先生认为忽略了"抽象意义"这一方面是不够全面的,而"抽象意义"正是理论建构的关键环节。

四、"反哺":理论回归实践

"理论性、前瞻性如树之根、树之干;经验性、实用性如树之枝、树之叶,两者互为依存,缺一不可"。[2]在学术研究中,理论研究与现实实践最终会形成一个闭环(图3.2所示),而在形成理论与实践的互动闭环中,"理论回归实践"这一环节变得尤为重要。在理论建构的过程中,"理论回归实践"是理论反哺实践的一个过程,同时也是思维从抽象到具体这个上升运动的终结,亦可以称之为"逻辑终点"。逻辑的

---

[1] 冯友兰:《冯友兰文集第一卷:三松堂自序》,长春出版社,2008,第176页。
[2] 〔美〕E·M·罗杰斯:《传播学史:一种传记式的方法》,殷晓蓉译,序第2页。

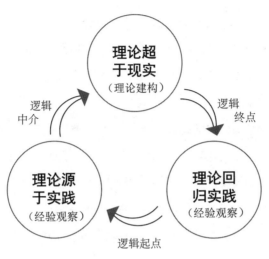

图3.2　理论与概念发展的闭环

终点是"到达终点的认识,就是关于对象的整体性的具体认识"[1],这是理论回归实践的过程。逻辑的终点与前文所提及的逻辑的起点存在不同,逻辑的终点是"就某一个特定范围内对某一对象的研究的结束而言的,而其结果则向我们提供关于该对象的完整理论"[2]。

不可忽视,理论反哺实践的过程,反映出理论对现实发展具有指导力的面向。早在1845年,无产阶级精神领袖马克思曾经提出了检验真理的标准问题,并指出人的思维是否具有客观的真理性,这并不是一个理论的问题,而是一个实践的问题。人应该在实践中证明自己思维的真理性,即自己思维的现实性和力量,亦即自己思维的此岸性;

---

[1]　金顺福:《概念逻辑》,第123页。
[2]　同上。

关于离开实践的思维是否具有现实性的争论,是一个纯粹经院哲学的问题。[1]马克思清晰地阐释了人的思维与实践之间的耦合关系,而对于理论建构与实践而言亦如此。无产阶级革命家毛泽东曾经在条件简陋的窑洞中仔细精研马克思的研究成果,并于1940年在其所写的《新民主主义论》[2]中,明确提出:"真理只有一个,而究竟谁发现了真理,不依靠主观的夸张,而依靠客观的实践。只有千百万人民的革命实践,才是检验真理的尺度。"由此可见,实践是检验真理的尺度。此后,在改革开放前期,《光明日报》的特约评论员所写题为《实践是检验真理的唯一标准》[3]的文章引起了广泛的社会关注,文中引用了毛泽东对于实践与真理的理解,并在其核心的观点中认为检验真理的标准只能是社会实践。同理,在对于理论的研究中,实践是检验理论的重要标准,理论反哺实践更能够体现出理论的现实价值性所在。

笔者认为,创意传播管理理论从最初提出时经历了"理论源于实践"的环节,在理论的建构与发展过程中经历了"理论超于实践"的环节,此后在经过十余年的发展中,充分验证了创意传播管理理论是一个经得起实践考验与时间检验的理论,该理论最终会进入"理论反哺实践"的环节。而这一观点是笔者基于对创意传播管理理论长期观察基础上的一个大胆假设,在后文的研究中会通过运用深度访谈法与个案分析法,一步一步进行小心求证。陈刚在《后广告时代:创意传

---

[1] 〔德〕马克思、恩格斯:《马克思恩格斯文集(第1卷)》,中共中央马克思恩格斯列宁斯大林著作编译局编译,第500页。

[2] 《新民主主义论》是1940年1月9日毛泽东在陕甘宁边区文化协会第一次代表大会上做的长篇演讲,原文题目为《新民主主义的政治与新民主主义的文化》。

[3] 特约评论员:《实践是检验真理的唯一标准》,《光明日报》1978年5月11日第1版。

播管理革命》[1]中，对于"理论"与"实践"的关系进行过相关阐释，认为"理论是把行业所做的事情总结提炼出来，然后反过来，整个行业更加明确地向一个方向发展"。具体地讲，随着技术的不断创新发展，创意传播管理理论逐渐落地，并对现实企业的数字营销实践以及互联网的发展起到重要的方法论指导性作用，而对于这一部分内容的探讨，笔者会在下文中详细展开论述。

第二节 数字时代"生活者"研究的新视角

一、创意传播管理理论族群溯源

"人""媒介"与"社会"三者之间存在内在的耦合关系。在数字时代，人类面临的变化是从原有的大众传播模式向数字传播模式的转型，这是媒介传播领域的变革，同时也是整个人类社会共同面临的转变与重构。而这种转型并非像人们所想象的那样是缓慢渐变性的，相反，某种程度上可以称这次转型为断裂式的变革。

具体地讲，在以大众传播模式为主的前数字时代，传播媒介与传播方式的变化经历了从报纸、杂志到广播，再从广播到电视的渐进性的演变，因此报纸、杂志、广播和电视普遍意义上被人们统称为"传统媒介"。然而，在数字时代，技术驱动与赋权下的互联网在迅猛发展的同时，其背后所带来的是一种媒介的断裂性的变化与转型。数字传播模式的出现不仅囊括了大众传播阶段的各种传统的传播方式，而且

---

[1] 陈刚：《后广告时代：创意传播管理革命》，《广告大观（综合版）》2008年第7期。

衍生出诸多新型的传播形态与传播现象，譬如从最初的以新浪、网易、搜狐为代表的第一代综合内容门户网站到网络论坛等网上交流场所的出现，从以博客为主的超级链接的网络日记到以微信与微博为主的社交媒体的转变等，当下诸多传播新形态层出不穷，而互联网实际上在试图对一切的社会要素与市场要素的关联性进行整合。

起初，在原有的大众传播环境中，基于特定的市场环境与传播环境，在不同历史阶段出现了各自的经典营销传播理论。营销传播理论的产生，事实上与特定的社会环境以及传播环境息息相关。然而，现如今人类已经进入数字时代，正在大步迈向数字传播阶段，人类生活在数字传播环境中。但是，目前所面临的具体情形却是，人类社会正处在新旧交替的变化过程中，传统营销传播理论无法解释新的数字营销传播环境中的问题，传统营销理论的解释力正在逐渐失效。虽然新的探索性商业化概念与理论层出不穷，许多新的探索某种程度上起到了一定的理论补充作用，但是由于数字传播环境的发展变化日新月异，通常刚兴起的一个新概念抑或新理论两三年内甚至更短的时间内就会被行业所淘汰，具有解释力、判断力与预测力的新概念与新理论才是我们这个时代所匮乏的。

在社会形态与传播环境转型的背景下，如何看待数字传播环境变化的过程？如何解释生活在数字传播环境中的人？企业如何在数字传播环境中开展营销传播？面对以上一系列问题，如何在理性地批判传统大众传播时代营销传播理论的基础上，基于数字传播的特点和趋势发现事物变化背后的逻辑，并提出相对稳定的新的营销传播理论模式，这是数字时代企业所面临的问题，同时也是亟须解决的现阶段重要性问题。

毋庸置疑，洞察到问题所在尤为重要，找到解决问题的方法、路径与抓手更为重要。创意传播管理理论基于数字传播环境的变化以及营销传播领域所面临的困惑与挑战的背景下提出的，这一理论的提出正是试图回应数字时代营销传播领域变革课题。该理论是由以北京大学陈刚为主的研究团队，在经过多年持续性研究和探索的基础上所提出并不断完善的理论体系，它是数字时代营销传播领域研究的方法论，同时也是数字时代企业生存的方法论。不可忽视，创意传播管理理论某种程度上是属于营销传播研究，而营销传播研究是应用性较强的研究。有鉴于此，创意传播管理理论的建构，既要立足产业实际情况，又要超前于产业的发展，对传播业持续健康发展产生推动与引领作用。

创意传播管理理论存在于一个复杂的理论族群中，王素君曾经针对中国互联网发展所带来的国有企业品牌传播的转型问题以及创意传播管理理论体系进行研究与探讨，并在研究中指出，创意传播管理理论是以"创意传播管理"为核心主体，"数字服务化、数字革命论、数字计划经济"为两侧附翼，贯穿其中的是互联网技术的变化。[1]王素君在上文所提及的"数字革命论"，正与陈刚所提出的"数字革命三部曲"存在共鸣之处，而"数字革命三部曲"是对于数字技术所带来的整个人类社会未来变化的生动诠释、抽象化概括与未来预测。正如图3.3[2]所示，"数字革命三部曲"是创意传播管理理论族群的实质部分与内核层面，"创意传播管理理论"主要聚焦在传播层面，"数字服务化理论"关注到企业层面，而"数字计划经济理论"集中在产业层面，

---

[1] 王素君：《品牌危机传播管理的数字智能化转型研究——基于创意传播管理（CCM）理论》，博士学位论文，北京大学，2018，第90—98页。
[2] 图3.3文献来源：王素君：《品牌危机传播管理的数字智能化转型研究——基于创意传播管理（CCM）理论》，博士学位论文，北京大学，2018，第95页；结合笔者个人的思考绘制而成。

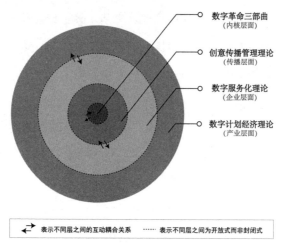

图3.3　创意传播管理理论族群

不同层面的理论之间并非呈现完全封闭状态,而是存在相互耦合关系,共同构成复杂的理论族群。

二、理论自觉与新分析框架的突破

从学科建设的角度分析而言,"传播学本身是一门多学科交叉、渗透的边缘学科,传播学科建立的过程就是一场学术'圈地运动'"[1]。时至今日,传播学的发展面临着研究问题多元复杂的境况,然而传播现象的多元和传播问题的复杂,并没有带来传播学研究手段和研究范式的多元精进,特别是在近二十年来,某种程度上传播学研究方法处于"墨守成规"的尴尬窘境,尤其是在网络、手机等新媒介技术产生

---

[1] 喻国明、韩婷、杨雅:《媒介用户的使用体验:研究范式与定量化模型》,第35页。

与大行其道之后,传播学所面临的"刻舟求剑"式的研究困境日益凸显。[1][2]那么,具体到营销传播研究领域,自21世纪以来全球信息传播进入数字时代,数字技术快速向营销传播领域渗透和扩散,并带来巨大的社会变革与震荡。面对传播学科"刻舟求剑"式的发展困境与严峻挑战,传播学研究者们需要具有理论创新的自觉性和使命感,进行传播学科理论创新与研究范式的更替。

在数字营销传播领域,根据对传播环境和市场环境的特点与趋势的判断,从理论自觉的角度而言,亟须提炼与建构出一个逻辑自洽且能够从长时段上引导行业发展的理论框架。虽然在数字时代出现了相关的数字营销传播理论,譬如AISAS理论[3]、内容营销理论[4]、原生广告理论[5]和SIVA理论[6]等,但是这些理论的局限性在于,依然把客户

---

[1] 喻国明、韩婷、杨雅:《媒介用户的使用体验:研究范式与定量化模型》,第35页。
[2] 喻国明:《认知神经传播学:范式创新与研究框架》,《浙江传媒学院学报》2018年第1期。
[3] AISAS理论是2005年由日本电通公司针对互联网与无线应用时代消费者生活形态的变化,而提出的一种全新的消费者行为分析模型,AISAS理论具体包括营销传播活动的五个重要环节,即attention(注意)、interest(兴趣)、search(搜索)、action(行动)和share(分享)。
[4] 内容营销理论就是企业用自己生产的内容或外部的内容来吸引消费者,并完成销售的一种营销方法。内容营销形式主要包括:微博营销、微信公众号营销、搜索引擎营销(内容营销引流方法)以及病毒性营销等。内容营销通常的做法分为以下六个步骤:第一步是先做内容策划;第二步根据策划制作内容;第三步是分享内容;第四步是把流量导入自有的媒体平台;第五步是把流量转化为销售;第六步是进行效果分析。
[5] 早在2011年,Facebook推出了一种名为"Sponsored Stories"的广告模式,类似现在的微信朋友圈广告,这是原生广告的最早形式。此后,对于原生广告的研究逐渐增多,并于2013年原生广告成为全球媒体界爆红的关键词,但是目前尚未形成系统性的原生广告理论。
[6] SIVA理论是由整合营销传播之父舒尔茨教授提出,他认为传统的4P营销理论应该被新的SIVA理念代替。所谓SIVA理念具体包括解决方案(solutions)、信息(information)、价值(value)和途径(access),营销人员不再主导一切,需要将权力移交到消费者手上,客户或潜在客户成了发送信息的人,而不是索取信息的人,组织变成了接收者与呼应者。

当成销售的目标对象，而未将客户作为一个"生活主体"的角度去思考问题，且普遍存在用传统的营销思维去指导营销实践的弊端。其中，以舒尔茨教授所提出SIVA理论为例进行具体分析，SIVA理论本身存在的最大问题在于，它只是囿于对线下的线性购买决策过程的关注，把客户仅仅看作消费者。然而，到了数字时代，在数字传播环境中客户绝不仅仅是消费者，客户是生活在数字生活空间中的"生活者"，因此SIVA理论无法清晰地解释数字时代"生活者"的购买决策。基于以上分析，在数字时代，数字营销传播领域所需要的是一个能够从长时段上引导行业发展的理论框架。

正如业内人士所公认的，创意传播管理理论本身正是这样一个在数字时代长时段上引导行业发展的方法论抑或理论框架，该理论框架具有卓越的解释力、判断力与预测力。美国西北大学舒尔茨教授曾给予创意传播管理理论极高的评价，并"相信它将能有效地适用于世界上绝大部分的市场发展"[1]。从价值性与前瞻性角度来看，创意传播管理理论是对大众传播时代营销传播理论的全面颠覆，同时，也是对数字传播时代那些具有散点式抑或抱着传统的营销思维不放手的一系列旧有营销传播理论的替代。

那么，到底应该如何理解创意传播管理理论？创意传播管理是指"在对数字生活空间的信息和内容管理的基础上，形成传播管理策略，依托沟通元，通过多种形式，利用有效的传播资源触发，激活生活者参与分享、交流和再创造，并通过精准传播，促成生活者转化为消费者和进行延续的再传播，在这个过程中，共同不断创造和积累有关产

---

[1] 陈刚、沈虹、马澈、孙美玲：《创意传播管理——数字时代的营销革命》，推荐序一XIII。

第三章　源于实践：创意传播管理及"生活者"概念的选择

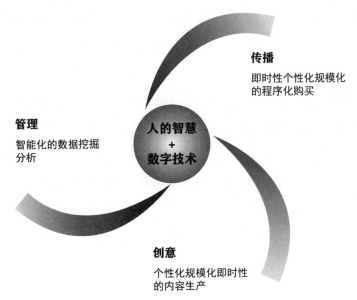

图3.4　创意传播管理理论解析图[1]

品和品牌的有影响力的、积极的内容"[2]。以上正是迄今为止学术界对于该理论最为翔实的解读。除此之外，陈刚曾经在北京大学广告系的授课中以及国内外重要学术研讨会中，对创意传播管理理论进行了解析，正如图3.4所示，未来互联网技术发展的方向是"物的智能化"与"人的数字化"，而这将对互联网与数字社会未来发展带来重要启发。

笔者认为，创意传播管理理论分析框架的"突破性"主要表现在

---

[1] 图3.4《创意传播管理理论解析图》是由陈刚在对互联网技术变革进行深入研究基础上所提出，在北京大学广告系课堂上以及诸多重要的学术会议上，陈刚曾经多次深入阐释该图内涵。

[2] 陈刚、沈虹、马澈、孙美玲：《创意传播管理——数字时代的营销革命》，第56—57页。

以下两个方面：一方面，在理论建构过程中，一个理论的建构是建立在基本概念之上的，而基本概念的提炼必然基于对变化规律与趋势的长期观察和研究。"数字生活空间""生活者"和"生活服务者"这三个核心概念是创意传播管理理论提出的基础，同时也是该理论本身的精髓所在。具体地讲，大众传播时代的"市场"概念逐步被"数字生活空间"所替代；大众传播时代的"消费者"概念逐渐被"生活者"所替代；大众传播时代的"广告主"概念日趋被"生活服务者"所替代。[1]另一方面，正如德国的社会学家与哲学家、批判学派中的法兰克福学派的第二代旗手尤尔根·哈贝马斯（Jürgen Habermas）所言："理论研究的是理论与实践之间的双重关系。"[2]近年来，随着大数据的发展与智能化技术的突破，基于技术创新驱动下的大数据工具，对行业的实操开始产生实质性的影响。时至今日，创意传播管理理论在技术创新的大背景下开始落地，在实操层面有了初步的尝试并取得了实质性的突破。在操作模式的提炼与实操过程中，无论是行业操盘手，还是相关专业的学者，甚至广告营销传播专业的学生们，都能够清楚地理解数字营销传播的主流模式与未来发展，并且能够清楚地习得创意传播管理理论在实践层面具体的操作技巧，以及新的思维方式，而这些实践最终将会反哺理论，使得创意传播管理理论得到进一步的修复、建构与再发展。

---

[1] 刘立丰：《论广告研究中的"泛广告"问题》，《广告大观（理论版）》2017年第2期。
[2] 〔德〕尤尔根·哈贝马斯：《理论与实践》，郭官义、李黎译，社会科学文献出版社，2010，第1页。

三、创意传播管理选择"生活者"概念的缘由

在《服务化：移动互联网时代的商业变革》一书推荐序部分写道："创意传播管理模式，讲的就是互联网变革的基本逻辑。"[1]因此，"生活者"概念的提出，不仅仅适用于创意传播管理理论与数字营销传播领域，更适用于在互联网变革中对生活在数字传播环境中人的诠释。用传统的概念、理论、框架、体系来研究互联网以及生活在数字生活空间中人类的做法，是值得警惕的。互联网发展研究是传播学科所关注的前沿问题，对这个问题的研究需要进行建构式的创新，打破旧有的概念与理论体系，在宏观研究的基础上再进行更加细化的研究。有鉴于此，创意传播管理理论之所以选择"生活者"概念，而未选择"消费者""受众""用户""公众"概念，主要是基于以下几点思考：

第一，"消费者"概念是小数据时代的产物，符合工业化时代标准化生产与标准化消费的需求，但是却难以洞察人类消费行为的连续性与个体的差异性。[2]与之相反，"生活者"概念是一个大数据时代的产物，符合数字时代规模化个性化的人际传播的需求，可以洞察到数字传播环境中个体之间的差异性。具体地讲，在工业社会中，消费者是工业生产的起点和终点，对于"消费者"与工业社会"市场"之间的关系，研究者们普遍认为其关联性主要表现在以下三个维度：一是消费者数量决定市场的规模；二是消费者质量决定市场的价值；三是消费者结构决定市场的结构。那么，在原有的工业社会标准化框架

---

[1] 刘立丰、王超、周晓凡、王登峰：《服务化：移动互联网时代的商业变革》，中国人口出版社，2016，推荐序第3页。

[2] 陈刚、李丛杉：《关键时刻战略：激活大数据营销》，第19页。

下，消费者因固定的消费关系被视为一个个同质化的"原子"，只是关注人类所具有的共同性，而往往忽略了个体之间的显著差异性。显然，"消费者"概念适用于工业社会的大众传播环境中，从企业营销传播的角度把握与接近每一个"生活者"，是一个不可能实现的梦想。因此，"消费者"概念仅仅体现的是人类的"共性"而非"个性"，而且此概念还将消费行为与社交行为、信息行为等其他社会行为的关联性相割裂。然而，在技术赋权下的数字时代，人类拥有了更多的话语权、选择权与参与权，通过技术赋能，"生活服务者"可以对互联网上生活的人类进行精准的画像，以往从企业营销传播的角度把握和接近每一个"生活者"的梦想得以实现。在这样一个新型的社会中，研究者理应对原有的传播对象研究范式进行迭代，从适恰性的角度来看，"生活者"概念能够更加生动地描绘出，生活在数字传播环境中的人的角色、定位与状态。

第二，"受众"的概念是在大众传播时代和互联网产生初期，从媒介角度来描述人类自身的一个典型概念，而"生活者"概念与数字时代有着天然的关联性，能够折射出数字时代的精髓，能够描摹出生活在数字传播环境中人的状态与定位。在数字时代，企业所希望获得的，不再是以往大众传播时代通过抽样调查所获得的具有抽象笼统特点的受众群体信息，而是人类的生理信息、心理信息、消费信息、情感信息、生活信息等各个层面的个性化的信息。譬如，以今日头条为具体案例进行分析，迄今为止基于数据挖掘的推荐引擎产品今日头条，已经针对每一个在今日头条数字生活空间中生活的"生活者"描绘出了各自相匹配的画像，通过了解"生活者"各方面的情况与偏好，进而推送他们个人所感兴趣的内容，这本身就是一种数字化的服务传播抑或数字化的营销传播。与过去的大众传播存在着非常大的差异性，这种差异并不是渐进性的变化，而是一种颠覆性的变革。诚然，通过以上深入分析，我们可以得到以下结论："受众"这个概念更加偏重于诠释类型化的、抽象笼统的人，但是在数字传播环境中，他们与"生活服务者"比邻而居，而并非遥不可及。在数字生活空间中生活的人不再是类型化的"受众"，而是真实具体化的个体。这一切变化的背后，都源自信息技术的发展与迭代，是技术赋予了人类更多的权利与角色，使得人类重新成为生活的创造者。

第三，"用户"这个概念天然地与互联网有着极其密切的关联性。虽然"用户"概念频繁地出现在互联网业界领域，是一个具有浓厚商业色彩的概念，但是这个概念本身实际上存在以下两个方面的缺陷：一方面，"用户"概念的出发点仍旧是将人类视为产品的使用者，并未从"人生活的意义"的角度出发来进行诠释，这显然忽视了人类作为生活的主体及其创造者的身份；另一方面，"用户"概念的使用语境过于商业化，且通常在商业领域被提及。"用户"概念把人视为一个无血无肉且无感情的物理存在，仅仅是使用产品或者享受服务的客户，而忽略了生活在数字传播环境中的人是一个个活生生的有情绪起伏、兴趣爱好与自主创造力的个体。而"生活者"概念的提出，正是从"人生活的意义"的角度出发，弥补了"用户"概念本身存在的缺陷部分。

第四，"公众"概念早在古希腊时期就已出现，某种程度上"公众"概念的出现更多的是具有政治属性，"公众是在公共生活中围绕某一事件或原因而形成的，其首要目标是推进某项利益或某种观点并实现政治改变"[1]，它所代表的是特定利益的群体力量和群体舆论。虽然"公众"概念的解释路径如同"生活者"概念一样，均是遵循"自下而上"的解释路径，注重个人主观意识的表现，这是二者的共通性所在。然而，不可忽视的一点在于，以上两个概念在传播学领域的内涵与所指，存在显著的差异性。具体而言，"公众"概念的出现与数字技术之间没有天然的关联性，其概念的内涵和所指相对稳定。相反，"生活者"概念的出现与数字技术之间存在着密切的关联性，当下数字技术所构筑的数字生活空间，为生活者提供了生存的家园与活动的场域，其概念的内涵和所指具有时代性与嬗变性特点。

通过上述分析，笔者可以得出以下结论：首先，在数字时代，互联网不仅仅是一种媒介，而且已经成为整个人类社会生活的重要基础设施，其重要性已经不证自明。那么，在这样一个新型的数字生活空间中，全世界范围内所面临的一个重要的变革与转变是人类的存在形式和人类的社会行为被数字化，人类行为的关联性与存在的特殊性能够通过数字技术被清晰地描述出来。在此社会背景下，"生活服务者"对于产品、服务以及品牌传播中所面对的传播对象的认知，理应由"消费者""受众""公众"抑或"用户"层次提升到"生活者"层次。因此，创意传播管理理论作为数字时代营销传播革命的方法论，该理论将在数字生活空间中生活的人类抽象概括为"生活者"，从适恰性的角度看毋庸置疑是合理的。其次，互联网所构筑的数字生活空间，是一个以"生活者"为中心建立起来的伸缩性与延展性很强的网络结构，是根据各种各样的"生活者"主体间关系组织起来的世界。在数字生

---

[1]〔英〕丹尼斯·麦奎尔：《麦奎尔大众传播理论（第六版）》，徐佳、董璐译，第49页。

活空间中出现的"生活者"这个群体，实际上是由一个个具有数字化标签的人组成，这显然是企业过去从未遇到过的，是企业以往可望而不可即的。总而言之，"生活者"既是消费者、接受者又是传播者，同时也是参与生产与创造的生产者，他们在数字生活空间中有自己相对固定的家园、互动场域与生活习惯，有自己独特的爱好、职业、朋友、娱乐、情绪、生活态度、信仰、生活圈等，是生活在数字传播环境中具有"自由向前主体意识"的活生生的人。

四、技术替代式变革与概念的提出

在人类社会的发展演变历程中，技术始终扮演着一个至关重要的角色。在人类传播史上，技术推动下传播手段的变革带来了传播范围与传播功能的显著变化。从早期的造纸术与活字印刷术的发明，到电在通信中的应用与推广过程中广播、电视、电影等诸多传播媒介的出现，再到信息技术驱动下的互联网日新月异的发展，技术革命在不断推动整个人类社会向前发展。

有鉴于此，准确地讲正是因为技术的变革为数字时代"生活者"概念的提出奠定了基础。数字技术驱动下的互联网的快速发展，在推动整个社会的发展变革中扮演极为重要的角色，互联网上基础设施建设的逐步完善，使得数字时代的"生活者"概念得以产生并在实践层面进行落地。

针对信息技术与互联网的发展这一议题，英国广告人西蒙·庞特（Simon Pont）曾经对技术驱动下互联网的发展有过生动的描述，指出摩尔定律用曲线显示出能装在一个微芯片上的转换器的数目每两年就会增加一倍，半个世纪以来这种趋势异乎寻常准确，这和计算机技术的飞跃式发展有密切的关系,计算机技术演进的速度越高,这个曲线就越接近垂直状态。[1]无独有偶,牛津大学哲学与伦理信息教授弗洛里迪曾经通过图表形式展示出摩尔定律,正如图3.5[2]所示,研究者对摩尔定律进行了翔实的阐释。所谓的"摩尔定律"是指在"数字计算机发展的时代,当价格不变时,集成电路上可容纳的晶体管数目大约每隔两年就会翻倍,性能也会提升一倍"[3]。以互联网为代表的信息技术的发展为人类的生存发展带来新的机遇,开拓了新的数字生活空间。换言之,现代信息技术的发展打破了原有的时空限制,整个社会出现了一种全新的运行方式。

一切现象的产生都是有特定的背景,而并不是孤立存在的。正是在这样一场技术变革的大背景下,数字时代对于人类自身的认知与理解也面临研究范式的迭代,原有的将人类视为信息接受的"受众"或者产品与服务的"消费者"的界定,无法真实地诠释出生活在数字生活空间中人的真实状态,原有的概念与研究范式面临新的挑战,"生活者"概念的提出,正是为了应对新的技术与数字传播变革而提出来的,它是从"人生活的意义"的角度,重新诠释对于生活在数字传播环境中"人"的角色、权利与定位的理解,从而也进一步印证"技术替代式变革为数字时代'生活者'概念提出奠定基础"的论断。

---

[1] 〔英〕西蒙·庞特编著《数字时代:互联网如何改变着我们身边的一切》,杨丽艳、屈云波译,第34页。

[2] 图3.5参考文献来源:〔意〕卢西亚诺·弗洛里迪:《第四次革命:人工智能如何重塑人类现实》,王文革译,第9页。

[3] 〔意〕卢西亚诺·弗洛里迪:《第四次革命:人工智能如何重塑人类现实》,王文革译,第8页。

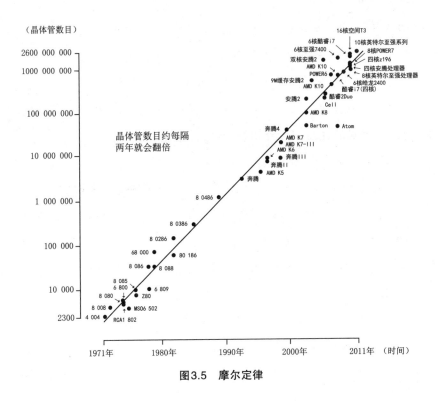

图3.5　摩尔定律

第三节　数字时代的"生活者"特点洞悉

生活在数字时代数字传播环境中的人有哪些新的特点？在本小节中，笔者通过案例的分析与论证，来试图回答这两个问题。

一、真实性与数据化：ID背后真实且数据化的个体

在前数字时代，对人的研究是有数据存在的。但是，值得注意的是，在以大众传播为主的时代，对于人（通常称之为"受众"抑或

"消费者")进行研究所采用的数据,与数字时代对于人(通常称之为"生活者")研究的数据是截然不同的。笔者认为,这种差异性不是一种缓慢的渐变性的差异,而是一种变革式的差距。那么,这种差距具体表现在哪些维度?差距背后又存在怎样的内在原因?对于以上问题,笔者认为可以从以下两个维度进行对比分析。

首先,对于人的研究经历了由"单一的外围轮廓式的勾勒"到"多元的内围深层次的解读"的转型。那么,如何理解基于数据层面对于人研究路径的转变?通过微观层面的具体分析,本研究发现:在大众传播时代,基于小数据的"消费者画像"只是对于性别、年龄、学历、收入、职业等人口统计学层面上的数据进行收集,是一种类型化的且相对单一的描述,这类数据的描述与储存通常意义上是对人群进行"外围轮廓式"的勾勒。如果借用绘画中的"素描"这样一个词语来进行形象的比喻,那么大众传播时代对于人的数据的研究是"只见轮廓却不见内心",停留在"浅层素描"阶段,只是粗略地描述抽象性与类型化人群的集体特征,企业将这个类型化的消费者视为对话的对象。在传统的大众传播时代,企业试图获取真实化个体的想法,在现实技术所限面前却往往无能为力。在数字时代数字技术的不断创新下,基于大数据的"生活者画像"已经能够深入"生活者"日常的生活场景中,通过大数据智能技术,使得每一个ID背后都是真实的、数据化的个体。在技术的驱动下,在数字生活空间中不仅能够观察到人类行为所处的具体的环境因素,而且还可以解读"生活者"的价值取向与心理态度,这种"深描"更能够深层次地了解"生活者"真实的想法,趋向于对人类个体进行内围深层次的解读。

其次,对于人的研究经历了由"静态的周期性研究"到"动态的即时性研究"的转型。在过去,"社会科学研究经常遇到的一个瓶颈是缺乏所需的基础数据。该瓶颈常会阻碍一些非常具有创新性的研究设想投入实施"[1]。而如今,在技术的创新驱动下,基础数据匮乏的现状在逐渐得以缓解,真正解决这一问题,实际上只是时间的问题而已。具体而言,大众传播时代尚属于一个小数据时代,由于技术所限那时所流行的传统意义上的市场调查,通常是具有一定时间上的周期性,而开展一项针对人的调研往往金钱与时间成本付出相对较高,且不能实时探查人的内围层面的变化情况。因此,依据大众传播时代小数据所绘制出来的"人的画像"是倾向于静态的勾勒。相反,数字传播时代则属于一个大数据时代,人的日常点滴变化都可以被实时记录,原有的信息不对称的困境正在逐渐被打破,通过计算机辅助智能化技术进行分析可以及时探知市场变化,数据获取和分析的成本与小数据时代相比极大程度上得以降低,"人的画像"在技术的赋能下,具有了动态性与即时性的特点。那么,如果说互联网是"基础设施",生活者数据与云计算则是最重要的"生产资料"。以微博为例进行分析,本研究发现微博上的"生活者"群体是庞大的,"生活者"在微博上的活动数据被实时储存与积累下来,逐渐形成了一个具有丰富内容的"生活者数据库",拥有了企业进行商业活动所需的以及研究者进行学术研究所需的多种数据资料,这些数据本身具有巨大的商业价值和学术研究价值。

[案例3-1]：访谈对象A12-SZ既是一个热爱工作的青年校

---

[1] 喻国明、韩婷、杨雅：《媒介用户的使用体验：研究范式与定量化模型》,第37页。

长,同时也是一个有着两个宝宝的宝妈,目前二宝仅有四个月。在笔者对A12-SZ进行深入访谈时,有下面这样一段对话。笔者问:您现在知道有大数据以及基于大数据基础上的"生活者画像"吗?A12-SZ:我了解一些,平时我喜欢看今日头条,感觉今日头条就对我进行了"生活者画像",总是喜欢推送一些我比较感兴趣的内容。笔者问:针对现在基于大数据画像给您推荐的精准营销广告,您持有什么样的态度?A12-SZ:挺好的。像今日头条和抖音它们后台都有大数据的操作,由于我会经常在今日头条上看婴儿所使用的尿不湿相关的内容,它们就给我推荐尿不湿相关的内容和广告,我个人觉得挺好。(受访者A12-SZ,女,33岁,小学校长,山东德州)

具体地看,正如上文A12-SZ所描述的那样,在数字传播环境中生活的"生活者"不再是单一化和类型化的一个群体,而是多元化的且真实存在的数据化个体。如果从更深层面进行分析,在小数据时代,对于"人的画像"是带有一种功利化的选择。如何理解这种"功利化的选择"?具体而言,在大众传播时代,企业往往只关心与消费行为直接相关的行为和数据,而对人类其他间接的生活行为往往视而不见,这割裂了人类消费行为与其他生活行为之间的内在关联性。正如马克思所言,人是社会关系的总和,那么将人类消费行为与其他生活行为进行割裂的做法,如同"盲人摸象",无法窥视全局且容易产生对人类消费行为判断上的偏见甚至失误。

时至今日,在大数据时代,"生活者"的消费行为与其他生活行为和社交行为,在由技术所构筑的互联网平台上浑然一体,除了原有的

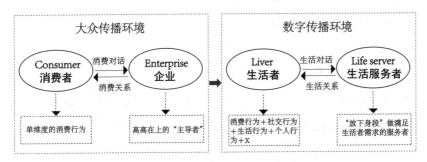

图3.6　营销传播领域中企业与人之间关系变化背后逻辑

人类的消费行为之外，生活行为也可以被清晰地进行数据挖掘，通过对数据进行分析可以解释"生活者"行为背后的真正原因。在此背景下，用户在企业视阈中，由原有的"消费者"抑或"受众"走向"生活者"，企业与用户之间的对话由原有的"消费对话"走向"生活对话"（图3.6所示），与此同时，二者之间的关系也由原有的"消费关系"走向"生活关系"。在数字传播环境中，企业营销传播走到了数字化转型的"十字路口"，"生活者画像"成为企业在大数据时代进行转型的关键点。

二、个体性与规模化：实现超级规模化的人际传播

可以说，"在工业时代，规模化和个性化始终是一个无法调和的矛盾"[1]。在以往人们的头脑中，"个体性"亦称"个性化"，该词语与"规模化"这个词语似乎是存在矛盾的两个词语。之所以二者之间存在

---

[1]　陈刚、王雅娟：《超越营销：微博的数字商业逻辑》，中信出版社，2017，第378页。

矛盾，原因在于在工业时代人类的个性化基本被遮蔽在规模化的一致性中。然而，时过境迁，在技术驱动下互联网所构筑的数字生活空间中，人类的个性化与规模化得到融合统一。那么，应该如何理解个性化与规模化的统一？这种统一在人际传播中又是如何得以实现的？

目前，技术的力量在不断推动传播媒介的发展与变革，媒介竞争日趋加剧，且多样化媒介共存局面已经形成。传统媒介衰落的趋势不可逆转，互联网已经成为人类日常生活中的主导性媒介，而随之所带来的变化是，个性化的内容在逐渐取代大众化的内容，生活在数字生活空间中的"生活者"可以实时地阅读、分享与创造个性化的内容，"生活者"开始以个性化而非群体化的形象得以呈现。譬如，近几年来，在全世界范围内今日头条发展迅猛，它本身是运用个性化推荐引擎技术，秉持"信息创作价值"的核心理念，进行内容的生产与创造，然后根据每个"生活者"的年龄、性别、兴趣、学历、职业、位置等多个维度，进行个性化的内容推荐。今日头条所推荐内容并不仅仅包括狭义上的新闻，还包括娱乐、电影、音乐、游戏、小说、财经、购物、房产等诸多方面的资讯信息。基于以上分析，我们可以廓清和加深对于生活在数字传播环境中具有个性化的"生活者"的理解。

值得注意的是，当"生活者"的个性化需求得到满足的时候，又有一个问题随之呈现。既然在数字传播环境中原有工业社会信息不对称的现状被打破，那么工业化时代的规模化的生产是否可以在数字时代得以实现，是否可以在满足与解决"生活者"个性化需求的基础上实现规模化的信息传播？在《超越营销：微博的数字商业逻辑》一书中，研究者陈刚与王雅娟以微博为具体案例给出了答案："目前来看，由于成本依然很高，完全个性化基础上的规模化还无法实现。即便如此，个性化需求可以规模化实现的大趋势已经在数字市场的基础上有了技术基础。"[1]那么，仅从数字市场的角度考虑，在实现个性化与规模化的道路上，有两条必经之路：一条路是供应链的柔性化，以快速、高效、个性化地满足"生活者"的产品需求；另一条路是"生活服务者"的组织结构越来越呈现细胞化、小型化，向小而精的方向发展。[2]供应链柔性化背后所体现的是生产方式的个性、经济运行机制与生产要素的合理化以及资源配置的提高，由大规模制造转变为大规模定制抑或规模化定制。迄今为止，在供应链柔性化方面，京东可以称为是在供应链柔性化改革方面的典范。目前，京东的智慧供应链正在朝着柔性化的方向迈进，智慧供应链充分结合了物联网、人工智能与区块链等新技术，在预测、选品、动态定价以及物流等诸多环节上进行了优化，并与奥克斯等实体企业在深度协同型供应链方面进行合作，按照"生活者"的需求来实现柔性化的产品供应，减少了库存所带来的成本与金钱的消耗，打破了工业时代规模化和个性化无法调和的矛盾，实现了个性化与规模化的统一。

那么，回归到对于生活在数字生活空间中的"生活者"的观照，以微博为具体案例，来进一步探讨与分析，数字时代企业与"生活者"之间以及"生活者"与"生活者"之间是如何实现"个性化与规模化的人际传播"。现如今，人类生活在万物互联的数字社会中，"生活者"属于数字社会结构中的数字个体。正如陈刚与王雅娟在研究中所翔实论述的："在数字生活空间中，规模化的人际传播成为可能，理论上任

---

[1] 陈刚、王雅娟：《超越营销：微博的数字商业逻辑》，第378—379页。
[2] 同上书，第379页。

何一个人都可能在微博上与另一个人进行直接沟通……这种新的传播既不同于大众传播时代的单向传播,也不同于以往局限于地域特征的人际传播,而是一种新的在数字生活空间中的人际传播,它必然是规模化的。从传播学的角度讲,这是一个人际传播主导的时代,它取代的是大众传播时代……尽管在互联网时代之前,人与人的直接联系明显受到地域的限制,但在微博上,它是超越时空的,人与人的关系模式正在被重塑。我们把这种变化称为规模化的人际传播。"[1]

基于以上分析,在数字传播环境中不仅人类本身需要被重新界定,而且对于生活在数字时代的人与人之间的关系也在被重新塑造,原有的时空限制得以打破,原有的抽象化的人群变成具有鲜活生命与真实性存在的"生活者","生活者"的个性化得以体现。与此同时,在技术的赋权下"生活者"与"生活者"之间规模化的传播也在逐渐实现,数字生活空间中"规模化与个性化的人际传播",从原有的乌托邦式的幻想在技术的加持下成为现实。

三、互动性与理性化:呈现出一种更高程度的回归

在传播学理论研究中,有一个经典的"容器人"理论,是由日本传播学者中野牧在《现代人的信息行为》一书中,用来描述现代人类的形象时所提出来的。所谓的"容器人"理论是指在传统大众传播时代成长起来的一代人,他们拥有孤立与封闭的内心,他们的内心类似一种"灌状"容器,这个容器像饕餮一样不断地接收媒介信息却不输

---

[1] 陈刚、王雅娟:《超越营销:微博的数字商业逻辑》,第12—13页。

出信息。[1]在印刷媒介时代,人类接受与选择信息是带有主动性的,而在大众传播时代,人类接受信息是被动性的,正如"容器人"理论所阐释的,信息的传播是单向度的,这就导致人与人之间不能进行正常的直接性的交流。无论是印刷媒介时代还是大众媒介时代的信息互动,都尚属于传统的信息互动行为,这种行为由于受物理时空的限制,大都是"一点对一点"的定点式互动与"一点对多点"的发散式互动,信息的反馈也往往体现出间断性、滞后性、微弱性与被动性的特点。

相反,数字时代的网络传播具有高度互动性,呈现出人际传播的"二次回归"。在本研究中,笔者在对55位不同年龄段、不同职业的"生活者"进行访谈的过程中发现,"生活者"普遍认为网络技术的发展为人类搭建了互动与交流的平台,由于在数字生活空间中"生活者"的互动行为具有匿名性,对"生活者"的约束力在某种程度上也大大降低了,这使得"生活者"个人能够更加积极主动地参与互动。在此社会背景下,在数字生活空间中出现了"一点对一点""一点对多点""多点对多点"等多种传播模式,"生活者"在数字生活空间中的互动行为是一种多层面、双向性与参与性的互动行为。譬如,当我们将"大众传播"与"数字传播"进行对比分析会发现:大众传播不同于传统的人际传播,原因在于人际传播是面对面的亲自传播,而大众传播却让人们跌入了报纸、广播、电视等媒介信息的海洋中,人际传播的理论变得衰落下来,且明显疏远了人与人之间的关系。然而,在数字传播中,"生活者"运用博客、微信、微博、QQ等多种人际交

---

[1] 魏超、曹志平:《数字传播论要》,知识产权出版社,2013,第3—4页。

往的工具,实现了基于"生活者"与"生活者"之间人际关系的深度交流。

研究者魏超、曹志平、郭淑娟等人在有关数字传播与社会性媒体的相关研究中,曾经指出对话性是平民性的延伸,是指社会媒体上的传播不是单向的宣传,而是双向的、多对多的交流对话型,通常情况下任何一个网络上的"生活者"都可以发出自己的声音,而从技术的视角看,社会性媒体是一种完全基于互联网的数字媒体,它依赖于各种社会性软件而存在。[1][2]以微博为例,微博就是一种典型的社会化传播载体,呈现出多级裂变式传播模式,迅速且即时地进行信息的传递与分享,甚至在"细胞裂变式"信息传播的过程中可能会产生爆炸性的影响,具有典型的社群化特点,同时也为企业传播和搜寻信息提供了殷实的土壤与信息发布的平台。

英国广告人庞特在书中提及,人们生活在孤身自傲的极端对立面,虽然人们不清楚自己究竟是在作茧自缚还是在自我救赎,抑或是二者兼有,但时时刻刻能够互相通联,时时刻刻能够"处在联络网格之内"的这种感觉和存在还是让人们欢欣鼓舞。[3]庞特生动地描绘了一个时时刻刻可以互联的网络世界,这个世界与大众传播时代显然是不同的,而这种显著的差异性足以让人类兴奋不已。

"互联网从其逻辑架构上来说,本身就是一个'去中心化'的设

---

[1] 魏超、曹志平:《数字传播论要》,第33页。
[2] 郭淑娟:《论社会性媒体的概念及发展中面临的问题》,《新闻界》2011年第3期。
[3] 〔英〕西蒙·庞特编著《数字时代:互联网如何改变着我们身边的一切》,杨丽艳、屈云波译,前言第1页。

计"[1]。在由互联网所构筑的数字生活空间中,"生活者"是生活的主体与日常生活的创造者,他们不再是大众传播时代被动的非理性化的信息接受者。启蒙思想家普遍认为,技术与社会的发展是由于人类理性思维的进步,"生活者"拥有了相对理性选择与搜索自己所喜好的信息、产品与服务的权利和自由,而这种权利与自由是由技术赋权所给予实现的。正如社会学家哈贝马斯在研究中所强调的:"随着人们拥有的技术力量的发展,人们创造了对他们来说是异己的产物;现在,人类应该在自己自由地进行生产的劳动中把自己重新看成主体。"[2] 当人类进入数字时代之后,在技术的赋权下,作为生活主体的"生活者",在日常的生活中可自由地参与到日趋增多的社会化平台,而社会化平台中的信息内容大部分是由"生活者"进行创作、生产、传播、交流抑或消费,某种程度上实现了规模化与个性化的人际传播。因此,在这样一个数字时代所呈现出来的人际传播,实际上与前数字时代相比而言,是人际传播的一种更高程度的回归。

---

[1] 魏超、曹志平:《数字传播论要》,第9页。
[2] 〔德〕尤尔根·哈贝马斯:《理论与实践》,郭官义、李黎译,第281页。

第四章　学理建构：一种对传播对象研究的新视角

在数字时代，"生活者"概念的提出以及对于"生活者"的研究，在学术与实践两个维度均产生不同程度的影响。那么，现有研究的不足已经暴露出传播理论研究与传播实践之间剥离程度的加深。理论与概念的建构是"从实践中来到实践中去"，而在这个过程中的"中间环节"是概念建构的环节，概念建构的过程正是学理层面抽象概括与解释事物本质的过程。因此，在本章中，笔者将研究的视角聚焦于数字时代"生活者"研究对学术领域所产生的影响，并分别从微观层面、中观层面与宏观层面这三个视角进行翔实的剖析。

第一节　微观层面：技术赋权下传播对象角色与权利的转向

一、技术赋权的内涵解读

对于赋权理论的研究可以追溯到19世纪后期，赋权理论源于面对社会的不平等现象，而产生的一种反叛性抑或批判性的活动。早期，在对赋权理论的研究中，研究者们所研究的主题主要包括两个方面：一方面是社区层面的赋权，另一方面则是一些备受关注的弱势群体的赋权。譬如，在本书的第一章中，笔者所论述的日本生活者运动实际上正是早期赋权的一种表现。到20世纪80年代末，在世界人文社会科学研究领域中，研究者们展现出一种对赋权理论研究的兴趣与热情，而"技术赋权"正是传播学中对于赋权理论研究的一个细小而新兴的分支研究领域。既然"技术赋权"是赋权理论的分支研究领域，那么在研究"技术赋权"之前，需要对"赋权"的内涵、所指与研究层面有一个全方位的认知。

首先，"赋权"（empowerment）这个词语本身是一个舶来词。当"empowerment"这个舶来词引入中国后，研究者们将其翻译成"赋权""增能""增权""充权""增权赋能"抑或"激发权能"等。在学术界"赋权"一词的认可度与普及度高于"增权"与"充权"等其他同类词，并被研究者们所广泛使用与传播。通过对"赋权"概念进行历史溯源发现，早在20世纪60年代至70年代，随着黑人民权运动的开展以及美国学者巴巴拉·所罗门（Barbara Solomon）关于黑人赋权书籍的出版，使得"赋权"这一概念首次清晰出现。此后，研究者们针对"赋权"这一概念给予不同角度的释义。在20世纪80年代初期，美国社区心理学家朱利安·拉帕波特（Julian Rappaport）是赋权理论的重要开拓者，他曾经在《赞美悖论：一项赋权大于预防的社会政策》（*In Praise of Paradox: A Social Policy of Empowerment Over Prevention*）中，对"赋权"的概念进行界定，认为赋权是一个过程，是一个个人、组织和社区对其周围事务获得控制的机制。此后，D. 托雷（D. Torre）

在题为《赋权：结构化概念化与工具开发》(*Empowerment: Structured Conceptualization and Instrument Development*) 的博士论文中，对于"赋权"给出了一个更为翔实的阐释，托雷博士认为赋权是一个可以使个体变得足够强壮的过程，通过这一过程，个体参与社会事件与机构，获得影响自身生活的能力，并使自身处在其控制下，从而有利于个体更好地进行信息分享和努力改变这些事件与机构。同样，洛林·M. 古铁雷斯（Lorraine M. Gutierrez）在《社会工作实践中的授权：一本原始资料》(*Empowerment in Social Work Practice: A Sourcebook*) 一书中，同样认为赋权是一个过程，并进一步指出，赋权使个体有能力采取行动改善自身的境遇，这是赋权的最终目的，也是一个过程，个体通过这一过程可以提升自己的政治权利、人际权利或个人权利。由此可见，对于"赋权"的理解，学术界普遍认为赋权是一个过程、机制或者实践活动。具体地讲，这是个体或群体试图改变自身弱势状态使其变得更加强壮的过程，而被赋权的对象往往是处于社会边缘的无权或者缺权的个体、群体。

其次，"赋权"本身包括多个层面的赋权，这是深入解读"赋权"内涵的一种必要途径。对于赋权内涵的多层剖析这一问题，学术界主要持有以下两种观点：第一种观点认为"赋权"包括两个层面，一方面是自我赋权，另一方面是个人、组织、团体、政策等方面的赋权，或者可以称之为非自我赋权。第二种观点认为"赋权"包括五个层面，分别为个人赋权、社会赋权、政治赋权、经济赋权与教育赋权。而以上两种观点殊途同归，原因在于这两种观点实际上都是强调"赋权"的两个面向，笔者认为可以把这两个面向归纳为"个人赋权"与"非个人赋权"。

不可忽视的是,"技术赋权"是传播学研究领域中研究者们所关注的重要议题。从内涵层面解读,技术赋权是一种借助于技术所实现的个人行为的自我赋权,它是一种具有批判性的活动。技术赋权天然地具有对处在社会边缘个人与群体的关怀、对人类信息沟通的重视以及具有典型的人类社会实践性,是社会关怀与传播发生密切关联的外在表现。但是,有的研究者持有一种相对极端的观点,认为"技术的媒介属性会起到一种有害的剥离作用,使人类失去与自然和真实直接接触的机会"[1]。笔者认为,由于技术本身具有一种驱散蒙昧的启蒙特征,因此技术赋权是借助互联网技术的便利性,来试图打破"封闭式"的"城堡政治与社会"的结构,使得人类在思想、社会等范畴领域得到某种程度的解放。然而,值得注意的是,信息技术是否能够促进"生活者"参与,取决于信息技术运作的政治、制度环境。[2] 信息技术的发展为"生活者"参与数字生活空间的建构提供了更多的可能性,新兴的数字技术的发展释放了新的权利与信息沟通的渠道,创造了一个崭新的基础结构。

二、"多重"角色的返璞

互联网信息技术的发展扩散,使得赋权理论找到了新的"试验场"。随着技术的日新月异与创新崛起,特别是微博、微信、博客、播客、维基百科、知乎、论坛等诸多社交媒体的迅速发展,以及今日头

---

[1]〔意〕卢西亚诺·弗洛里迪:《第四次革命:人工智能如何重塑人类现实》,王文革译,第45页。
[2] 郑永年:《技术赋权:中国的互联网、国家与社会》,邱道隆译,东方出版社,2014,第100页。

条、抖音、西瓜视频等网络内容分发平台雨后春笋般的出现，这些社交媒体与内容分发平台作为大众传播的工具，开始逐渐免费地向社交媒体和平台的"生活者"进行开放与渗透，这进一步使得社交网络被认为是人类有史以来"门槛最低"的媒体。网络内容平台正享受着前所未有的追捧，某种程度上它代表着一种传播业创新突变所带来的技术自由。

从广义范畴上来讲，互联网技术具体包括基础资源、超级计算、云计算、大数据、5G、量子信息、人工智能、虚拟现实、物联网标识、区块链等诸多分支领域。基于互联网技术构建出多种类型的互联网应用，"生活者"对不同的互联网应用所使用的频率以及其使用规模均存在差异性，正如表4.1[1]中数据所示。通过统计数据发现，近几年来，"生活者"对于"即时通信"的使用率最高。那么，在互联网技术驱动下的社交媒体以及网络内容分发平台的出现，所带来的变革在于，它们将人类远距离沟通的成本降至最低，激励社交媒体抑或平台的使用者在网络系统中进行传播内容的生产和信息的交互分享。这些使用者不仅仅是一个媒体和平台的使用者，而且还是内容的生产者、创造者与传播者，他们已经成为社交媒体与互联网内容平台进化

---

[1] 表4.1数据来源：中国互联网络信息中心编《第50次中国互联网络发展状况统计报告》，2022年8月，第35页；中国互联网络信息中心编《第48次中国互联网络发展状况统计报告》，2021年8月，第24—25页；中国互联网络信息中心编《第45次中国互联网络发展状况统计报告》，2020年4月，第29页；中国互联网络信息中心编《第44次中国互联网络发展状况统计报告》，2019年8月，第23—24页；中国互联网络信息中心编《第43次中国互联网络发展状况统计报告》，2019年2月，第24—25页。其中，在互联网发展状况统计报告中，有两点需要进行说明：一是"在线旅行预订"是指最近半年在网上预订过机票、酒店、火车票或旅游度假产品；二是本次调查的"网络直播"服务包括体育直播、真人秀直播、游戏直播和演唱会直播。

表4.1 "生活者"对于各类互联网应用的使用率（2017—2022年）

时间	2022年6月		2021年12月		2020年12月		2019年6月		2018年12月		2017年12月	
应用	生活者规模（万）	使用率	生活者规模（万）	使用率	生活者规模（万）	使用率	生活者规模（万）	使用率	生活者规模（万）	使用率	生活者规模（万）	使用率
即时通信	102708	97.7%	100666	97.5%	98111	99.2%	82470	96.5%	79172	95.6%	72023	93.3%
搜索引擎	82147	78.2%	82884	80.3%	76977	77.8%	69470	81.3%	68132	82.2%	63956	82.8%
网络新闻	78807	75.0%	77109	74.7%	74274	75.1%	68587	80.3%	67473	81.4%	64689	83.8%
在线办公	46066	43.8%	46884	45.4%	34560	34.9%	-	-	-	-	-	-
网络视频	99488（含短视频）	94.6%（含短视频）	97471（含短视频）	94.5%（含短视频）	92677（含短视频）	93.7%（含短视频）	75877（含短视频）	88.8%（含短视频）	72486（含短视频）	87.5%（含短视频）	57892（不含短视频）	75.0%（不含短视频）
短视频	96220	91.5%	93415	90.5%	87335	88.3%	64764	75.8%	64798	78.2%	-	-
网络购物	84057	80.0%	84210	81.6%	78241	79.1%	63882	74.8%	61011	73.6%	53332	69.1%
网络支付	90444	86.0%	90363	87.6%	85434	86.4%	63305	74.1%	60040	72.5%	53110	68.8%
网络音乐	72789	69.2%	72946	70.7%	65825	66.6%	60789	71.1%	57560	69.5%	54809	71.0%
网络游戏	55239	52.6%	55354	53.6%	51793	52.4%	49356	57.8%	48384	58.4%	44161	57.2%
网络文学	49322	46.9%	50159	48.6%	46013	46.5%	45454	53.2%	43201	52.1%	37774	48.9%
网上银行	-	-	-	-	-	-	-	-	41980	50.7%	39911	51.7%

（续表）

时间	2022年6月		2021年12月		2020年12月		2019年6月		2018年12月		2017年12月	
应用	生活者规模（万）	使用率	生活者规模（万）	使用率	生活者规模（万）	使用率	生活者规模（万）	使用率	生活者规模（万）	使用率	生活者规模（万）	使用率
在线旅行预订	33250	31.6%	39710	38.5%	34244	34.6%	41815	48.9%	41001	49.5%	37578	48.7%
网上外卖	-	-	54416	52.7%	41883	42.3%	42118	49.3%	40601	49.0%	34338	44.5%
网络直播	71627	68.1%	70337	68.2%	61685	62.4%	43322	50.7%	39676	47.9%	42209	54.7%
微博	-	-	45261	43.9%	36528	36.9%	-	-	35057	42.3%	31601	40.9%
网约车	40507	38.5%	-	-	34171	34.6%	-	-	38947	47.0%	-	-
在线教育	-	-	29788	28.9%	21480	21.7%	23246	27.2%	20123	24.3%	15518	20.1%
在线医疗	29984	28.5%	19427	18.8%	16988	17.2%	-	-	-	-	-	-
互联网理财	-	-	-	-	-	-	16972	19.9%	15138	18.3%	12881	16.7%

的原动力。

在针对"生活者"角色的研究时,笔者曾经与有德国留学经历的法学博士A15-LYW,在北京大学勺园西餐厅进行过面对面深度访谈,其中有下面这样一段对话:

[案例4-1]:笔者问:在互联网平台上,您现在所扮演的角色是什么?A15-LYW:因为大家在网络上互不认识,说话更加注重内心本来的想法。我觉得我在互联网上扮演着多种角色呀,比如,在网上看视频或者新闻的时候我是信息的接受者,看到有趣的信息通过社交平台分享出去的时候我是信息的传播者,在淘宝上购物时我是一个消费者,有的时候我觉得我甚至是一个生产者或者说是创造者。笔者追问:在互联网上您什么时候觉得自己是个生产者,能具体描述一下吗?A15-LYW:可以呀,我平时会关注微信里面美妆的文章,然后我经常会在美妆的文章下面进行评论。我记得比较清楚,其中一个美妆公众号里面经常会发布一些高品质的美妆内容,如果对这个美妆公众号进行评论的话,还需要后台的审核,审核成功后评论就会显示出来了,我觉得这个美妆公众号的"写手"特别nice,她很有耐心地听取像我这样的评论者的建议,而且我们的建议有利于她们出下一期新的文章。我给美妆公众号的评论和建议大部分都被采用了,所以我觉得自己就像是一个间接的生产者,为美妆公众号出谋划策,某种程度上促进和影响了美妆公众号内容的生产。笔者追问:在互联网平台上,您愿意或者乐于做一个生产者吗?A15-LYW:愿意做生产者。但是,我也希望互联网上能够建立激励机制,当然有激励

第四章 学理建构：一种对传播对象研究的新视角

图4.1 被访谈者A15-LYW提供的资料

机制就应该有惩罚机制。经济学里面不是讲"经济理性人"吗？我觉得有道理，大家在互联网平台上更希望有奖励机制，如果能够从中获益或者获得奖励的话，我就会更加有动力来做一个生产者，哈哈哈……当然，这种奖励的话不一定非是金钱的奖励，也可以是其他方面的奖励。（受访者A15-LYW，女，29岁，法学专业博士生，北京海淀）

诚然，在互联网平台上A15-LYW已经意识到"生活者"自身所具有的生产者与创造者的角色属性，并指出在数字生活空间中"生活服务者"应该遵守"经济理性人"的原则，把握住人们的逐利心理，某种程度上"生活者"经济活动的内在动力来自外部利益的驱使，通过

123

建立相应的"激励机制"与"惩罚机制",可以鼓励"生活者"参与内容或产品的生产,做自己生活的主人。目前,笔者在对55位不同年龄段、不同受教育程度和工作性质的"生活者"进行访谈时,已经发现:像A15-LYW这样在互联网平台上具有"生活主体性意识"的"生活者"并不多,大部分"生活者"仍旧将自身在互联网上的角色定位为接受者与传播者,而并未意识到自身在互联网上可以作为一个具有主动性的内容或产品的生产者抑或创造者。而这一现象背后所折射出的社会问题是:由于受教育程度、工作性质与年龄等因素的影响,"生活者"对于自身在互联网上所扮演角色的认知存在差异性,甚至可以说是存在某种程度上的"数字鸿沟"。通常情况下,受教育程度越高的人,"生活主体性"意识相对越强。譬如,A15-LYW身为法学博士受教育程度较高,显然已经意识到自身在互联网上所具有的包括生产者在内的多重角色,相反,仅受过小学文化教育的A14-LJZ却认为,在互联网上自己仅仅是一个信息的被动接受者。

三、赋权与去权的博弈

随着互联网技术在社会各阶层特别是社会中下阶层的扩散,技术赋权研究的意义日趋彰显。以中国为例进行数据分析,根据中国互联网络信息中心发布的《第50次中国互联网络发展状况统计报告》[1]中数据显示:一方面,截至2022年6月,我国网民规模为10.51亿人,互联网普及率为74.4%,其中网民使用手机上网的比例高达99.6%;另一方

---

[1] 数据来源:中国互联网络信息中心编《第50次中国互联网络发展状况统计报告》,2022年8月,第25—27页。

面，中国农村网民规模为2.93亿人，占网民整体的27.9%，农村地区互联网普及率为58.8%，并且中国农村地区互联网普及率整体呈现增长趋势，由此可以预见，中国农村地区网民的增长空间与发展后劲大于城市地区。

第一，从"生活者"学历结构维度进行解析，根据最新统计数据显示，中国网民是以中等教育水平的"生活者"群体为主。其中，截止到2020年12月，如图4.2[1]所示，在所有的"生活者"中，初中学历"生活者"的占比连续四年独占鳌头，虽然在2019年初中学历的"生活者"占比与2018年相比有微弱下降趋势，但仍旧是"生活者"中占比最大的群体；其次，在2020年，高中、中专、技校学历的"生活者"占比为20.6%，受过大学本科及以上教育的"生活者"占比9.3%，这与2017年、2018年、2019年相比有明显回落走向；除此之外，在2020年大专学历的"生活者"与上一年度持平，其占比为10.5%。第二，从"生活者"年龄结构维度进行解析，根据图4.3[2]中统计数据显示，中国的"生活者"以中青年为主，并出现了向中高年龄"生活者"渗透的趋势。笔者在采用深度访谈法抽取访谈对象时，

---

[1] 图4.2数据来源：中国互联网络信息中心编《第47次中国互联网络发展状况统计报告》，2021年2月，第25页；中国互联网络信息中心编《第44次中国互联网络发展状况统计报告》，2019年8月，第19页；中国互联网络信息中心编《第43次中国互联网络发展状况统计报告》，2019年2月，第22页。图4.2在借鉴以上中国互联网络发展状况统计报告中统计数据的基础上绘制而成。其中，2019年"生活者"学历结构数据为当年6月份统计数据，其他年份"生活者"学历结构数据为当年12月份统计数据。

[2] 图4.3数据来源：中国互联网络信息中心编《第47次中国互联网络发展状况统计报告》，2021年2月，第25页；中国互联网络信息中心编《第44次中国互联网络发展状况统计报告》，2019年8月，第19页；中国互联网络信息中心编《第43次中国互联网络发展状况统计报告》，2019年2月，第21页。图4.3在借鉴以上中国互联网络发展状况统计报告中统计数据的基础上绘制而成。其中，2019年"生活者"年龄结构数据为当年6月份统计数据，其他年份"生活者"年龄结构数据为当年12月份统计数据。

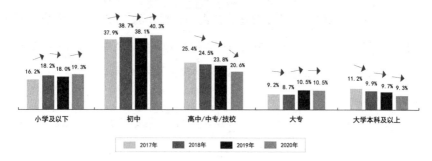

图4.2 "生活者"学历结构（2017—2020年）

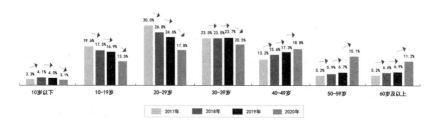

图4.3 "生活者"年龄结构（2017—2020年）

抽样框中被访谈者的年龄占比，与中国目前"生活者"年龄的占比比例基本趋同。

值得注意的是，目前在"生活者"群体中，"生活者"最早学会使用互联网的年龄有逐渐年轻化的趋势。作为"80后"，笔者本人学会熟练使用互联网的年龄为16岁左右，笔者对A6-ZC、A8-CZH、A12-SZ、A19-LHR、A30-SCC、A42-LM等同年龄段"80后"的"生活者"进行访谈时，被访谈者也均表示他们最早是在高中或者刚刚就读大学时学会使用互联网。除此之外，笔者曾经对"10后"A13-ZXQ、A20-XHR、A31-XSC、A43-XSL、A44-XZJ、A46-MXH等"生活者"进行深度访谈时发现,"10后"的"生活者"普遍从具有记忆意识开始就生活在数字生活空间中,且仅仅通过模仿即可习得如何使用互联网,显然他们已经成为真正意义上的"数字时代的原住民"。在下文中,笔者对家住辽宁沈阳年仅三周半的A31-XSC小朋友以及他的母亲A30-SCC进行无结构深度访谈时的对话,更进一步地印证了"'生活者'最早学会使用互联网的年龄愈加年轻化"的这一观点。

[**案例4-2**]:笔者问A31-XSC:小朋友你现在几岁了?A31-XSC:三岁啦。A30-SCC在一旁补充道:三周半。笔者问A31-XSC:你现在上学了吗?A31-XSC:上学了,在幼儿园上小班。笔者问A31-XSC:小朋友,你会使用手机或者电脑上网吗?A31-XSC点点头以表示自己现在已经会使用互联网。A30-SCC在一旁补充道:会播放动画片和放歌。笔者追问A30-SCC:宝宝这么小自己会在网上播放动画片和播放歌曲吗?A30-SCC:对的,他平时自己连接网络,然后找到自己喜欢看的动画片就开始播放,我都从来没有教过他,他自己竟然就会用了。我和他爸用手机上网的时候,他看到可能就记住了。(受访者A30-SCC,女,30岁,培训,辽宁沈阳;受访者A31-XSC,男,3岁,幼儿园,辽宁沈阳)

基于上文的统计数据与个案分析发现:一是通过对中国农村互联网发展趋势的考察可以洞见,互联网技术在社会中下阶层的渗透呈现势不可挡的扩散趋势;二是通过对生活在互联网技术所构筑的数字生活空间中"生活者"的学历进行解析,可以清晰地观察到中国的"生活者"是以中等教育水平的群体为主；三是通过对最早学会使用互联网的"生活者"年龄进行考察，可以得出以下结论，目前"生活者"中最早学会使用互联网的"生活者"年龄愈加年轻化。既然互联网技术对社会各个阶层的渗透如此之快，那么在技术的赋权下人的权利会出现哪些方面的变化？

首先，从话语权的角度分析，在传播学研究领域我们会发现，技术赋权使得大众传播时代传统媒体与专业媒体人"话语权垄断"的现状被打破，微博、微信等传播工具的出现以及今日头条、抖音等网络内容平台的成长，使得人类拥有了更多的自主表达的权利与途径。在学术界，以蒋颖为代表的研究者认为，互联网导致媒介变革和社会变革的一个核心原因便是"技术赋权"。美国墨西哥大学的教授埃弗雷特·M.罗杰斯（E. M. Rogers）曾经于20世纪60年代提出了传播效果研究的经典理论即创新扩散理论（the diffusion of innovation）。按照创新扩散理论的观点，任何新技术的发展普及都需要经历一个"获知—说服—决定—实施—确认"的五个发展阶段与演变过程，与此同时创新扩散所面对的群体共涵括创新者（innovators）、早期采用者（early adopters）、早期采用人群（early majority）、晚期采用人群（late majority）、迟缓者（laggards）五大群体，正如图4.4所示。

虽然罗杰斯创新扩散理论的提出，深受大众传播时代技术对社会以及文化的影响，但是不可忽视的一点在于，人类对待互联网的态度也同样经历了一个时间上的磨炼与意识形态的转变，此外创新扩散理论对数字社会建构及互联网发展也将带来一定启发。以中国为例，中国的主流意识对互联网媒体的态度，从其诞生之初的"不被看重"，到

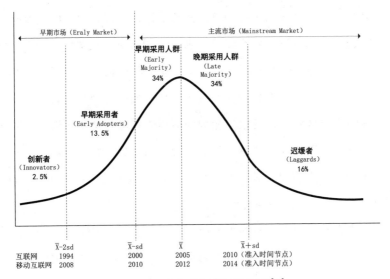

图4.4 罗杰斯的创新扩散模型[1]

被视为"非主流媒体",再到引起"重视",经历了逐渐演变的过程。[2]正如业界人士所公认的,互联网媒体主流化的一个重要标志是,在中国最具权威性的官方新闻奖项"中国新闻奖"中增设了网络类新闻奖项。[3]互联网经历了从"被轻视"的边缘化到"被重视"的主流化的发展演变过程,而这一过程发展的背后是技术发展与人类"自主向前"意识发展下的必然结果。

---

[1] 图4.4文献来源:〔美〕埃弗雷特·M.罗杰斯:《创新的扩散(第4版)》,辛欣译,中央编译出版社,2002,第245页;康凯:《技术创新扩散理论与模型》,天津大学出版社,2004,第205—206页。图4.4在借鉴以上文献的基础上,结合个人的思考绘制而成。
[2] 蒋颖:《互联网技术赋权与领导干部媒介素养的提升》,《新闻界》2013年第19期。
[3] 同上。

其次，从选择权的角度分析，技术赋权正在打破原有的主流媒体"话语权垄断"的现状，使得人类在拥有了更多话语权的同时，也由此获得更多的选择表达渠道的权利。人作为生活主体的主体性意识增强，生活者可以带有主动性自由地通过各种技术渠道与网络平台来传达信息，表达自己的观点，可以与相异的话语观点进行抗争与辩论，甚至可以最终达成群体间的某种程度上的观点和思想的共鸣。对于技术而言，乐观主义者指出，技术在产生自由化效应上几乎有无限的潜能；而悲观主义者则持有另外一种态度。

再次，从媒介近用权的角度分析，在数字生活空间中人类的近用媒介与使用媒介的权利进一步得到满足。早在1967年，美国研究者杰罗姆·A.巴伦（Jerome A. Barron）在哈佛大学法学院出版的《哈佛法律评论》（Harvard Law Review）杂志中，发表了一篇名为《接近使用媒体权——新的宪法第一修正案权利》（Access to the Press: A New First Amendment Right）的文章，文中首次提出了"媒介近用权"（the right of access to the media）这一概念，并从学理层面探讨人类接近和使用媒介的权利。

媒介近用权中所提及的"权"具体包含两层含义，即权利与权力。在数字时代，随着"生活者"媒介素养的加深、公民意识的成熟以及数字技术日新月异的发展，数字信息技术所构筑的数字生活空间使得现代人类越来越娴熟地使用各种媒介技术，来享受自己本身理应具有的媒介近用权，同时也在通过发起一系列权力行为来反作用于媒介、其他"生活者"与"生活者"自身，研究者潘飞认为这里的权力隐喻着知识与文化。[1]虽然在前数字时代，传统的大众媒介通过读者来信、与受众电话连线、民生新闻等多种途径，来努力为公众接近媒介提供可能，但基于媒介技术的所限，公众的媒介近用权并不能得到真正的满足。相反，在数字时代，由数字技术所构筑的数字生活空间是一个去内容中心化的生活空间，数字技术提供给"生活者"进行信息内容生产的工具，"生活者"拥有了信息发布的权利，而"生活者"的媒介近用权与前数字时代相比得到了更好的满足。

最后，从监督权的角度分析，值得注意的是，互联网等于给每个人一个"麦克风"，但是当人类关注于乐观方面的"技术赋权"的同时，也需要辩证地看到事物发展的另一方面，即技术在带给人类更多自由的同时也带来了更多的控制。但是，目前研究者们往往对"技术去权"的一面关注甚少。针对以媒体号、企业号、营销号组成的商业力量对"生活者"的控制与去权这一问题，需要研究者辩证地去看待，既看到经济发展的逻辑，又需要权衡"生活者"在数字生活空间中所应具有的权利。其次，针对国家政治力量对互联网的控制，郑永年认为："国家借助互联网与社会进行互动，从而不断学习和实践了有关互联网管理和控制的尺度所在，并根据不同时期的特征对网络的控制进行不同程度的调整，并显得愈发成熟。"[2]国家通过对互联网进行管理与控制，在表面上来看似乎是在对社会以及"生活者"进行去权，但是这种去权是有利于网络秩序健康发展的，从长远角度审视将利于国家的和谐发展。

---

[1] 潘飞：《赋权与反赋权——公民媒介近用权探究》，博士学位论文，北京大学，2017，摘要第1页。
[2] 郑永年：《技术赋权：中国的互联网、国家与社会》，邱道隆译，译者序第20页。

笔者曾经对高校教师A8-CZH进行深度访谈,针对"在互联网平台上现在生活者拥有什么权利"这一问题,A8-CZH认为所有人在互联网上的权利太大了,导致现在互联网上出现了不好的方面,因为在互联网上不是面对面,说了话可能不需要负责任,所以就出现了"键盘侠"这类经常"人肉搜索"发一些暗器去中伤别人的人。譬如,2018年曾经在中国轰动一时的"德阳女医生自杀"事件的酝酿和发酵,正是与"键盘侠"蓄意煽动的"人肉搜索"以及数字生活空间中无休无止的网络暴力息息相关。实际上,"德阳女医生自杀"事件与陈凯歌导演在2012年拍摄的《搜索》电影中,都市白领叶蓝秋因在公交车上未给老大爷让座所遭受的"人肉搜索",以及由此所引发的中国南方都市里的"南太平洋风暴"的剧情高度相似,自杀身亡的德阳女医生几乎是《搜索》影片中叶蓝秋在现实生活中的翻版。

那么,鉴于上文所提及的"键盘侠"与"人肉搜索"社会现象的存在,我们可以发现国家层面对互联网发展的监管与控制,虽然使得"生活者"在某种程度上面临去权且受到行为上的束缚,但是从社会长远发展与数字生活空间和谐秩序的角度来看,显然是一种明智之举。近几年来,国家层面在顶层政策的制定方面,对于互联网秩序和安全给予了关注,并陆续出台了相应的政策与法规。例如,在2018年2月2日,国家互联网信息办公室发布《微博客信息服务管理规定》[1],明确微博客服务提供者主体责任、真实身份信息认证、分级分类管理、辟谣机制、行业自律等相关规定。再比如,2018年11月,国家互联网信

---

[1] 中国互联网络信息中心编《第43次中国互联网络发展状况统计报告》,2019年2月,第94页。

息办公室和公安部联合发布《具有舆论属性或社会动员能力的互联网信息服务安全评估规定》[1]，旨在指导具有舆论属性或社会动员能力的信息服务提供者履行法律规定的安全管理义务，维护互联网上的信息安全，以防范违法信息传播所带来的社会危害。

综上所述，"技术赋权"的核心是打破话语权垄断，人作为个体的权利变化主要表现在四个面向：话语权、选择权、媒介近用权与监督权。那么，从更深层次的角度分析发现，打破"话语垄断"实际上就是打破"权利垄断"。具体地看，信息权与话语权垄断的背后是对信息获取者权利的垄断，而技术赋权下使得人类拥有了更多在公共场域表达自我言论的途径与自由分享信息的权利。那么，互联网技术赋权的结果，在传播领域是对话语权垄断的挑战，而放大到政治与社会领域，则是对权利垄断的挑战，大众掌握的信息与知识越充分，拥有的传播渠道越充分，越容易导致这种结果。[2]譬如，以人们熟知的社交媒体微博为例，许多人看到微博的作用后，曾高调宣称"围观改变中国"。研究者蒋颖认为，虽然此观点过于高估微博自身的能量，然而我们无法否认的是，微博带来了信息传播的公开与分享，以及人类话语权的解放与普及，打破了原有的专业媒体垄断和传者中心地位的局面，人类可以自主性发声，这些权利的变化确实对于整个社会的发展带来一定的积极推动作用。

早在2003年，美国加州大学洛杉矶分校传播政策研究中心与中国

---

[1] 中央网络安全和信息化委员会办公室：《国家互联网信息办公室和公安部联合发布〈具有舆论属性或社会动员能力的互联网信息服务安全评估规定〉》，http://www.cac.gov.cn/2018-11/20/c_1123740989.htm，访问日期：2019年12月30日。

[2] 蒋颖：《互联网技术赋权与领导干部媒介素养的提升》，《新闻界》2013年第19期。

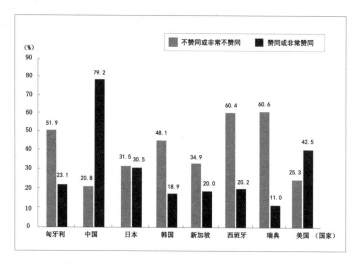

图4.5 有关"你认为使用互联网能够让人更好地理解政治吗"
议题的调查统计
(所有受访者18岁及以上)

社会科学院联合开展了一项《全球互联网项目》的研究,正如图4.5[1]中的内容所示。通过对数据的统计分析证实,互联网的使用和群体认同之间有着积极的关联,与西方国家相比较而言,互联网似乎在中国制造了一个更加实质性的政治影响。[2]通过图4.5中的数据,我们可以直观地看到,早在2003年,中国79.2%的"生活者"认为通过使用互联网可以使得他们更好地理解政治,与此同时,互联网也是"生活者"媒介近用权与政治话语权实现的重要渠道,这一数值在当时明显高于

---

[1] 图4.5文献来源:美国加州大学洛杉矶分校(UCLA)传播政策研究中心与中国社会科学院联合开展的一项《全球互联网项目》,中国社会科学院,2003年;郑永年:《技术赋权:中国的互联网、国家与社会》,邱道隆译,第127页。本图是笔者在参考与借鉴以上文献的基础上绘制而成。

[2] 郑永年:《技术赋权:中国的互联网、国家与社会》,邱道隆译,第127页。

西方国家中的美国、瑞典、西班牙、匈牙利四个国家,同时也远高于亚洲的日本、韩国与新加坡。

四、"生活者"角色与权利的建构

在国际学界与业界,当下传播学科与传播业正在经历着理论方式与研究范式的更替和转移,传统的传播理论框架已难以对当下的传播现象与传播机制做出解释,面对当前传播业所经历的挑战与变局[1],大众传播时代的传播对象实际上也已经发生变化,研究者迫切需要对生活在数字传播环境中的人即信息传播对象"生活者"展开研究。数字时代的传播对象与大众传播时代的传播对象相比较而言,传播对象的角色与权利均发生了转变。

一方面,从"生活者"所扮演角色的角度而言,传播技术的发展在极大程度上使得信息生产与传播的门槛降低,"生活者"作为生活的创造者有幸参与互联网平台中内容的生产与创造,信息传播的对象本身在人类传播史上首次具有了生产者与创造者的身份,而这些是在大众传播时代信息传播对象无法企及的。"生产型生活者"的崛起,使得越来越多的"生活者"开始参与他们所购买的产品和服务的创造之中,权利的平衡从"生产者"倒向了"生活者"。[2]简而言之,生活在数字传播环境中的"生活者"既是信息的接受者,同时也是信息的传播者、分享者、消费者、创造者与生产者。在数字时代,"生活者"概念本身是一个多维的概念,而在数字生活空间中"生活者"所扮演的角色是

---

[1] 翟秀凤:《中国网络内容平台的商业机制和劳动控制研究》,博士学位论文,北京大学,2018,第1页。
[2] 〔美〕达米安·瑞安:《理解数字营销》,高兰凤译,第15页。

多元的、具有主动性的多重角色，而非大众传播时代单维度的、被动的信息接受者抑或具有单一经济属性的人。

另一方面，从"生活者"所具有权利的角度而言，技术进步所带来的"福利"惠及广大"生活者"。与前数字时代相比，数字时代的"生活者"拥有了更加平等地参与社会公共事务的渠道与权利。具体地讲，在数字时代，生活在数字传播环境中的"生活者"所具有的选择权、话语权、媒介近用权以及监督权得到进一步放大，与此同时，"生活者"的主体意识在数字生活空间中被进一步强化。目前，从数字技术构筑下的网络平台经济的繁荣表象与发展来看，在数字生活空间中的诸多网络平台，似乎正在使任何拥有互联网连接的"生活者"获得公开表达的权利与"可能"，以往"沉默的大多数人"开始在数字生活空间这一公共场域中发声。值得注意的是，在数字生活空间公共场域中，借助数字技术的赋权，"生活者"所具有的监督权拥有了更加便捷的发声渠道，某种程度上其权利得到更好的维护与保障。笔者对被访谈者A38-SJZ进行深度访谈，通过具体案例"西门老乡鸡事件"与"东门理发店事件"，进一步佐证了"生活者"监督权利在数字生活空间中的渗透以及"生活者"发声影响力的增强和扩散。

[**案例4-3**]：针对数字生活空间中监督权问题，笔者与被访谈者A38-SJZ有这样一段对话。笔者问：您认为您在互联网上所拥有的权利除了话语权、信息渠道选择权之外，还包括其他哪些方面？A38-SJZ：一种相对更加公平的权利，以前大部分的知识被垄断，比如之前只有在学校上学，才能听到这个学校里面老师的授课内容，现在教育数字化使得知识传播相对而言更加公平。

与此同时，我们生活在数字时代，在互联网上的监督权与以前相比较而言，得到更好的实现与落实，我们可以通过微博转发、微信评论等方式对不公平的社会现象进行抵制。我可以举两个我身边的真实例子：之前我们学校附近有一家"西门老乡鸡"，有一个服务员态度不好，然后我当时通过店长当面进行投诉，店长说后面会处理，实际上并没有得到真正的处理。然后，我们通过网上说了这个事情并得到大家的转发与快速扩散，后来人们都不去"西门老乡鸡"那里吃饭。再比如，我们大学的"东门理发店"对大学生乱收费，用了某药水后多收学生二百元，而药水本身却并没有什么效果，后来大家在网上进行转发与评论，再后来这个理发店就黄了。监督权在互联网上比现实生活中发挥的作用更大，它往往会造成舆论的压力，让被监督者意识到问题的严重性。（受访者A38-SJZ，男，21岁，大学生，安徽合肥）

在数字生活空间中，"生活者"的话语权从"可能"到"现实"之间的实现过程，并非简单直接性的实现，其背后深层逻辑是传播权利在互联网平台逻辑下发生复杂的流转。虽然"生活者"公开表达的权利是否已经真正"实现"，还有待深入研究与探讨，但是我们无法否认的是，互联网的连接的确使得"生活者"获得了在公共场域表达自己观点与思想的"可能"，同时也为"生活者"参与社会治理提供了更加便捷的途径。现如今，人类信息传播所经历的变革过程是：经历了由大众传播时代的"精英赋权"到数字传播时代的"技术赋权"的转变，由"传统媒介的话语垄断"到"互联网平台的话语解放"的转向，这无疑是信息传播领域与整个社会所面临的一次新型的变革。

值得注意的是,"技术赋权"给人类带来福利的同时也会带来负面的社会影响,而这种影响往往是普通"生活者"所容易忽略的。以本研究中笔者对被访谈者A8-CZH的深入访谈为例进行分析,A8-CZH在访谈中重点提及网络中的"键盘侠"以及"键盘侠"不负责任的言论对社会中其他人所带来的舆论压力乃至身体的中伤。

[案例4-4] 笔者问:您觉得在互联网平台上您现在拥有什么权利?A8-CZH:所有人在互联网上权利太大了,导致现在互联网会有不好的方面。因为不是面对面,说了话可能不需要负责任。权利太大了,法律约束不太够,"键盘侠"在现实生活中可能沉默寡言,他们在网上说过的那些话可能会对别人有伤害,属于暗器,这一类人经常发一些暗器去中伤别人,不光明正大。笔者追问:您如何理解"键盘侠"的?A8-CZH:所谓的"键盘侠",他们觉得自己很厉害,在互联网上他们像一个侠客,但是这种侠客只是限于在键盘上,我觉得他们属于"两面派",他们在现实生活中与在互联网上是不一样的,这样很可恶。最近几个事件,比如韩国崔雪莉和具荷拉的自杀事件。访谈者追问:崔雪莉和具荷拉的自杀事件与"键盘侠"有什么关系?A8-CZH:韩国崔雪莉和具荷拉她们实际上都属于抑郁自杀,抑郁的来源很大程度上是因为她们是公众人物,网上骂她们的人是导致她们有不好想法的原因,是这些"键盘侠"营造了这种使她们患有抑郁症的环境。为什么艺人中有那么多人有抑郁症?比如语言的攻击与诋毁,像崔雪莉和具荷拉她们也没处说,导致情感与内心的抑郁。"键盘侠"的批评与谩骂会使得艺人慢慢形成心情的郁结,有了自

杀的想法。网络很可怕，每一句话都是往这个人身上丢一个"小石头"，慢慢把这个人压垮。（受访者A8-CZH，女，30岁，大学教师，广西北海）

随着"技术赋权"在深度和广度两个维度上的渗透与扩散，生活在数字传播环境中的"生活者"成为数字时代传播学研究领域中的信息传播对象。由于技术是在不断地发展中，而目前所呈现出来的一切都是一个阶段性的现象，因此"生活者"所扮演的角色与其所拥有的权利都尚处于一个不断地发展与建构中。而上文所讨论的"生活者"的角色与权利，也仅仅是对于我们所处时代的阶段性的提炼和抽象概括。

第二节 中观层面："生活者"概念对于理论建构的作用

一、概念转变的两种类型："同化"与"顺应"

早在20世纪70年代，西方国家逐渐兴起了对于"概念转变"的研究，并吸引了一批研究者参与其中。到1982年，美国康奈尔大学的四位教授提出了颇具影响力的"概念转变模型"（conceptual change model），并运用此模型来解释反例或者引申新的研究方向，同时也推动了概念转变学术研究以及概念转变实践教学的发展。

具体地看，所谓的"概念转变"是原有概念改变、发展和重构的过程，同时也被认为是由"前学科概念"向"科学概念"转变的一个过程。概念之所以改变是原有概念已经无法用来解释现有的现象。但是概念的转变并非简单的事,只有具备一定的条件,方能进行概念的转变。在概念转变模型中,国外研究者波斯纳·G. J.(Posner, G. J.)等人[1]认为,在转变一个原始的旧有概念时需要具备四个必要的条件,分别为:一是研究者对原有概念因新现象的出现而缺乏解释力"产生不满";二是新概念需要具有"可理解性";三是新概念需要具有"合理性";四是新概念需要具有"有效性"。当旧有概念同时具备以上四个条件时,旧有概念已经陷入缺乏解释力的窘境,亟须进行概念的转变。

通常意义上,"概念转变"主要包括两种类型:第一种类型是"同化",即运用已有的概念来解释新现象;第二种类型是"顺应",具体地讲是为了成功地解释新现象而进行核心概念的重构,对于概念而言这是一种根本性的转变。聚焦到本书所研究的本体"生活者"概念,笔者从"概念史"与"传播对象研究范式转换"这两个维度进行分析,得出以下结论。

首先,从纵向的"概念史"角度来审视发现,从马克思时代的"生活者"思想到日本生活者运动中"生活者"概念的提出,从博报堂的"生活者"理念布道到数字时代数字生活空间中的"生活者","生活者"这一概念变迁的过程,实际上所体现出的是概念转变类型中的"同化",是运用已有的"生活者"概念来解释不同时代新的现象。其次,从"传播对象研究范式转换"视角来进行解读发现,与大众传播时代的"受众""消费者"相比,之所以提出数字时代"生活者"概

---

[1] Posner, G. J., Strike, K. A., Hewson, P. W., Gertzog, W. A., "Accommodation of a Scientific Conception: Toward a Theory of Conceptual Change," *Science Education*, No.2(1982):211-227.

念,是因为原有的"受众"与"消费者"概念已经无法客观、合理、全面地来诠释生活在数字传播环境中传播对象的角色、权利以及现状,原有的概念面临概念转变与研究范式的重构,而这一概念转变的过程,所体现出的正是概念转变类型中的"顺应"。

二、概念是理论建构的基石

"概念"与"理论"之间天然地存在耦合联系。具体而言,理论的建构需要特有的概念,概念是思想构成物,它不同于客观现实中存在的一个个具体的感性物或事件、过程,它是它们的抽象反映。[1]概念是构成理论的基本要素。纵观古今中外具有影响力的人文社会科学理论,研究者已发现,柏拉图的"理念"、老子的"无为"、马克思的"实践"、黑格尔的"绝对精神"、库恩的"范式"、康德的"物自体",抑或尼采的"超人"、柏格森的"绵延"、哈贝马斯的"社会交往"等,理论家特有的概念和范畴不仅是我们识别该理论家的标志,而且也是一种理论能成为理论的标志。[2]在历史上具有卓越成就的大师中,无论是柏拉图、老子、马克思、黑格尔、库恩、尼采、柏格森还是哈贝马斯等人,他们在研究过程中的某个阶段均提出了经典的概念,而所提出的这些概念,又成为他们建构自己理论体系的一个要素与根基,从而也进一步佐证了"概念是理论建构的基石"这一论断的合理性。

一个理论的建构是建立在基本的概念之上的,基本概念的提炼必

---

[1] 金顺福:《概念逻辑》,第84页。
[2] 吴炫:《何为理论——原创的方法与实践》,代序第9页。

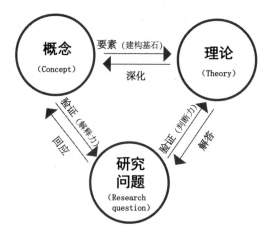

图4.6 概念、理论与研究问题三者之间的耦合关系

然是基于对变化规律和发展趋势所进行的长期观察与持续研究,特殊的概念与理论的出现是为了解决具体的研究问题,正如图4.6所示。吴炫针对"概念""理论""研究问题"三者之间的关系有过深入的探讨与分析,认为:"理论如果没有特殊的概念和范畴揭示它要解决的特殊问题及其应对策略,那么就说明该理论很可能没有特殊的理论问题需要解决而不具备独特存在的理由。"[1] 由此可见,概念是理论建构的基本要素,而概念与理论的建构又是为解决独特的问题而存在,这正是概念与理论存在的价值和意义所在。

在下文中,笔者将以"生活者"概念与"创意传播管理理论"为个案,通过个案分析翔实地阐释"概念""理论"与"研究问题"三者之间内在的关联性。

---

[1] 吴炫:《何为理论——原创的方法与实践》,代序第9页。

三、"生活者"与创意传播管理理论的发展

在创意传播管理理论中,具有代表性的三个关键概念分别为"生活者""数字生活空间"与"生活服务者"[1]。其中,"生活者"是创意传播管理理论中的一个核心概念,与此同时,也是本研究的研究本体与研究对象。实际上,数字时代"生活者"概念与创意传播管理理论的提出,是基于特殊的社会背景与针对具体的研究问题而提出来的。接下来,本书将从特殊的研究背景与独特的研究问题两个维度出发具体展开论述,并以此作为个案详细剖析"概念""理论"与"研究问题"三者之间的内在耦合关系。

首先,从数字时代"生活者"概念与创意传播管理理论所提出的社会背景的角度进行剖析。在数字时代,从社会发展的大环境来讲,互联网的发展带来整个社会的转型,面对这场社会变革,我们整个社会的现状是对于互联网的研究缺乏一个突破性与系统性的全新理论体系,具体而言是学术研究领域缺乏关于互联网问题的宏大研究,这种研究是学科的前沿问题。在学术界,面对互联网所带来的变革,一方面研究者需要敢于在突破旧有的理论体系的基础上进行理论建构式的创新,另一方面需要在宏观研究的基础上进行更加细化的研究。倘若我们现在习惯于用传统的社会学、传播学、政治学、经济学等方法来看待互联网这样一个新生事物,那么,所产生的结果就是:研究者对

---

[1] 所谓的"生活服务者"是指原有企业抑或营销者在数字时代角色的变化,在数字时代营销者必须将自己定位于为生活者提供所需的各种服务的供应商,即"生活服务者"。在《创意传播管理——数字时代的营销革命》这本书中,陈刚等人认为:"面对数字生活空间的生活者,传统的企业角色也必须发生根本的变化。在同社会和互联网上的生活者进行沟通时,企业应该逐渐转型为生活服务者。"

于互联网的认知认为其与过去的传统媒介很像,是在用旧有的思维来研究新的事物;抑或是研究者对互联网充满批评的声音,产生不满的情绪。实际上,以上两种情况,都不是互联网研究所需要的。面对互联网所带来的研究挑战与机遇,研究者们更需要在长期观察与比较、批评与反思的基础上,重新建构一套符合数字时代特征的理论体系。数字时代"生活者"概念与创意传播管理理论的提出,正是在时代变革呼唤和研究转向所需基础上产生的。

接下来,从数字时代"生活者"概念与创意传播管理理论的提出所要解决的特殊问题的角度进行解析。正如库恩在研究中所指出的,科学研究的发展并非如人们所想象的那样循序渐进性地稳步发展,而是一种范式替代另一种范式的过程。当前摆在人类面前的一个现实问题是:在数字时代互联网技术的驱动下,营销传播领域会面临怎样的问题与挑战?

营销传播领域目前正处于新旧理论交替的变革过程中。具体地讲,以西方话语体系为主的传统的营销理论,正在逐渐失去解释力甚至面临失效,具有浓厚商业化色彩的概念与理论层出不穷。虽然一些新的探索起到了一定的作用,但是由于数字传播环境的发展和变化极其迅速,许多尝试性的实践与理论认知的阶段性局限也变得非常明显。譬如,通常刚兴起的一个新概念或者新的理论,几年内也许就被行业所淘汰,而学术界尚缺乏具有解释力、判断力与预测力的概念与理论体系。概括而言,在微观的数字营销传播层面,"如何在系统理性地批判传统营销传播理论的基础上,基于数字传播的特点与趋势提出相对稳定的新的营销传播理论模式",是当前营销传播领域所面临的最重要的问题。"生活者"概念和"创意传播管理理论"的提出正是试图回应这一时代性的问题与挑战。

综上所述，上文中笔者是在运用数字营销传播领域的一个理论个案，来阐释"概念""理论"与"研究问题"三者之间的内在耦合关系。"生活者"概念与"创意传播管理理论"的提出，是对于"数字时代数字技术或者说互联网技术对企业营销传播的影响"这一重要问题的回应与解答，是试图拨开纷繁复杂的互联网发展带来的乱象迷雾，直面存在的核心问题和现实挑战。

第三节 宏观层面：学科研究范式转向与话语体系建构

一、"必要的张力"与库恩理论的启发

库恩是美国颇具影响力的科学哲学家，同时也是世界上科学哲学中的历史主义创始人。库恩的《科学革命的结构》[1]一书一度被人们列为"所有出版物中被引用率最高的书籍之一，与《圣经》和弗洛伊德的著作齐名"。《科学革命的结构》之所以能够与《圣经》等经典巨著相媲美，显然有其独到之处，库恩的结构理论、范式理论以及其本人所主张的科学研究传承创新中"必要的张力"的学术影响力不言而喻，对本书中数字时代"生活者"的研究而言具有启发意义。

经过时间的考验，学术界对于库恩理论的探讨与争辩在不断持续进行中，库恩思想的价值所在也逐渐得到验证。库恩思想的精髓主要通过两方面得以淋漓尽致地展现：一方面，正如加拿大哲学家伊

---

[1]〔美〕托马斯·库恩:《科学革命的结构（第四版）》，金吾伦、胡新和译，导读第30页。

安·哈金（Ian Hacking）教授所评价的，库恩在词语使用上具有"点石成金"的天赋，他的这些概念的提出在学术史上获得了不同寻常的地位；尽管那些概念起初似乎生涩难解，但今天有些却已成为日常的用语。[1]譬如，以"范式"一词为例进行阐释，"范式"在"当初为库恩所用之时还十分冷僻，而经他使用之后，已成了一个普遍和常用之词"[2]，除此之外"范式转换"一词更是被学者们所普遍知晓与接受。另一方面，"革命是世界观的改变"，这一观点是库恩思想的另一个精华。库恩认为"一个新理论之所以被选择来取代旧理论，与其说是因为其真，还不如说是因为一种世界观的转变"[3]。而上文所提及的库恩的"范式转换"与"革命是世界观的改变"这两方面的观点，对本研究带来不同程度的启发，笔者将在本章第三节中，重点展开论述库恩的范式理论在传播学话语体系建设和"生活者"研究中的影响。

起初，"范式"源于希腊词"paradegima"，有"共同显示之意"，由此引申出模型、模式、范例、规范等意。[4]库恩认为，"范式"这个词"它之所以进入《科学革命的结构》一书是因为，我作为一个历史学家，考查一个科学共同体成员的资格不能只用共有规则说明这个群体确定的研究行为。我还得出结论，共有的成功实例也可以为群体提供它在规则中所缺乏的东西。实例就是它的范式，而且是以后的研究所不可缺少的"[5]。对某一时期某一专业做仔细的历史研究，就能发现

---

[1]〔美〕托马斯·库恩：《科学革命的结构（第四版）》，金吾伦、胡新和译，导读第4页。
[2] 同上。
[3] 同上书，导读第5页。
[4] 王方华：《管理者的思考：中国企业发展面临的挑战与机遇》，北京师范大学出版社，2019，第118页。
[5]〔美〕托马斯·库恩：《必要的张力——科学的传统和变革论文选》，范岱年、（转下页）

一组反复出现而类标准式的实例,体现各种理论在其概念的、观察的和仪器的应用中。[1]上面这番言论,是库恩在试图澄清他所研究的"范式是什么"的问题。

库恩认为"范式"本身具有两种意义:"一种意义是综合的,包括一个科学群体所共有的全部承诺;另一种意义则是把其中特别重要的承诺抽出来,成为前者的一个子集。"[2]简言之,库恩着重界定了"范式"的两种用法,具体包括"综合的用法"和"局部的用法"。加拿大哲学家哈金教授认为,所谓的"局部的用法"是指各种类型的"范例";"综合的用法"聚焦于"科学共同体"这一概念。[3]由此可见,倘若想要更好地理解库恩所诠释的范式,则需要理解"范例"和"科学共同体"这两个概念。

首先,"范例"是理解"范式"的局部用法的关键。库恩认为所谓的"范例"是指"具体的题解,科学群体一般都承认它合乎范式"[4]。某种程度上,我们可以认为"范例"正是为理解"范式"的局部意义提供了新名称。在科学发展的过程中,人们逐渐学会在表面上不相干的问题之间,找到相似之处。[5]在《对范式的再思考》一文中,库恩通过小约翰同父亲逛动物园时辨别天鹅、鹅、鸭的实例,翔实而又具体

(接上页)纪树立等译,北京大学出版社,2004,第306页。

[1] 〔美〕托马斯·库恩:《科学革命的结构(第四版)》,金吾伦、胡新和译,第36页。

[2] 〔美〕托马斯·库恩:《必要的张力——科学的传统和变革论文选》,范岱年、纪树立等译,第288页。

[3] 〔美〕托马斯·库恩:《科学革命的结构(第四版)》,金吾伦、胡新和译,导读第17页。

[4] 〔美〕托马斯·库恩:《必要的张力——科学的传统和变革论文选》,范岱年、纪树立等译,第290页。

[5] Kuhn, T. S., The Structure of Scientifc Theories (Urbana: University of Illinois Press.1974), pp.459-482.

地分析了"范例"的内涵以及范例的准则。"范例"在某种程度上可以称为"范式"。那么,具体到小约翰的例子,从中我们会发现:在小约翰不断进行知识积累与重构的过程中,范例提供给了小约翰鉴别水禽的可靠标准,最终形成了一种对水禽种类认知的"范例",抑或"范式"。

其次,"科学共同体"是理解"范式"综合用法的关键,而在"科学共同体"中"范例"仅是其中的一个子集。"范式"在逻辑与实践中都很接近于"科学共同体"一词。一个范式是"一个科学共同体成员所共有的东西。反过来说,也正由于他们掌握了共有的范式才组成了这个科学共同体,尽管这些成员在其他方面也是各不相同的……要把'范式'这个词阐述很好,首先必须认识科学共同体的独立存在"[1]。科学共同体是由一些从事科学研究的工作者组成。科学共同体将工作者"所受教育和见习训练中的共同因素结合一起……专门探索一些共同的目标,也包括培养自己的接班人。这种共同体具有这样一些特点:内部交流比较充分,专业方面的看法也比较一致。同一共同体成员很大程度上吸收同样的文献,引出类似的教训"[2]。人类的科学事业就是由这样一些科学共同体所分别承担与推动科学事业前进的,自然科学与人文社会科学都是如此。

库恩在研究中提出了一个经典的问题:是什么共同因素决定了共同体内部专业交流不成问题、专业见解一致的特点呢?库恩认为是

---

[1] 〔美〕托马斯·库恩:《必要的张力——科学的传统和变革论文选》,范岱年、纪树立等译,第288页。
[2] 同上,第288—289页。

"一种范式"或"一组范式"。[1]在此处所提及的"范式",是综合意义上的"范式","它由不同的承诺和实践所组成,其中他强调的有符号概括、模型和范例"[2]。在《必要的张力——科学的传统和变革论文选》一书中,研究者更加明确地指出,范式的根本成分为符号概括、模型、范例。在上文中,笔者已对库恩所提及的"范例"一词有过相关阐释,那么,在此处再对"符号概括"与"模型"做一下具体的交代。所谓"符号概括"无疑就是"群体所采用的表示式,可直接化为逻辑形式,如$(x)(y)(z)\Phi(x,y,z)$。这是专业基体[3]的形式部分,或易于形式化的部分"[4]。对于"模型"的释义,虽然库恩并未给出明确的解释,但是他认为"从一方面看,模型可给人们启发:可以把电流回路看成稳态流体动力学系统……从另一方面看,模型是形而上学承诺的对象……一切可感知现象都是虚空中的中性原子运动及其相互作用的结果"[5]。经济学家雅诺什·科尔奈(János Kornai)指出,"范式"具有三个属性:一是运用相同或相近的观点方法来解决与解释相同或相关的问题和社会现象;二是具有相同或相似的概念框架;三

---

[1] Kuhn, T. S., The Structure of Scientifc Theories (Urbana: University of Illinois Press.1974), pp.459-482.
[2] 〔美〕托马斯·库恩:《科学革命的结构(第四版)》,金吾伦、胡新和译,导读第18页。
[3] 对于"专业基体"(disciplinary matrix)一词的释义,托马斯·库恩在《必要的张力——科学的传统和变革论文选》一书中有过相关阐释,库恩认为如果改以"专业基体"来表示"范式"的意思更明确一些。"专业",因为是一门专业学科的实际工作者所共同掌握的;"基体",因为是由各种各样条理化的因素所组成,而每一因素又需进一步说明的。这种专业基体的组成,包括大部分或全部的群体承诺的宗旨,《科学革命的结构》一书中称之为范式、范式成分或合乎范式的东西。
[4] 〔美〕托马斯·库恩:《必要的张力——科学的传统和变革论文选》,范岱年、纪树立等译,第290页。
[5] 同上。

是使用相同或相近的方法论去研究并得出结论。

笔者在上文的论述分析中,已经对库恩理论中"范式"的内涵进行了不同层次的释义,"范式"本身是科学革命中的重要组成部分,亦可以称为重要科学革命的动力。库恩认为:"科学革命不仅确实存在,而且还具备某种结构。"[1]而所谓的科学革命,实际上是一个具体的过程,在这个过程中范式以及范式的更替起到重要的作用。在科学革命中,"起先,是具有一个范式和致力于解谜的常规科学;随后,是严重的反常,引发危机;最终,由于新范式的诞生,危机得以平息"[2]。简而言之,科学革命的结构过程是研究"范式转换"的一个过程。

那么,由库恩理论得到的启发是:在技术驱动下互联网的快速发展过程中,在传播学研究领域,我们会发现人类面临新的数字传播环境,而传统的大众传播环境面临严峻的挑战,大众传播环境中的理论范式已逐渐失去解释力,我们整个新闻传播学科的研究范式面临新的转向。"生活者"概念的提出,正是在这次范式转换潮流中,针对传播对象所提出的一种新的研究范式。

二、传播领域的转向:从"受众"到"生活者"

在传播学研究领域,信息在传播过程中所面对的传播对象本身已经发生实质性的转变。媒介作为传播过程中的重要一环,不仅是连接传播者与接受者的重要渠道,同时其介质和形态也是影响传播效果的重要因素,每一种传播介质都会引入一种新的尺度影响"生活者"的

---

[1]〔美〕托马斯·库恩:《科学革命的结构(第四版)》,金吾伦、胡新和译,导读第4页。
[2] 同上书,导读第5页。

认知模式。[1]因此，互联网作为一种新的媒介，在潜移默化地改变着人类的认知模式与行为习惯。

数字传播时代的到来，对于传统分裂隔离的传播研究的各个领域形成了巨大的冲击。在传统的大众传播时期，信息传播的对象是被动接受信息的"受众"；然而，在数字传播时期，信息传播的对象具有了更为主动的"自由向前"的主体自觉性，这种主体的自觉性与大众传播环境中"受众"的被动性存在相斥的现象。也就是说，原有的"受众"概念无法用来合理地、恰当地解释生活在数字传播环境中的信息传播对象。媒介传播领域研究者麦奎尔与拜欧卡等人在针对受众的研究中也明确指出，无论在人文科学还是社会科学领域，传播研究中"受众"一词所指对象不再存在。[2]面对所指对象的消解，原有概念本身的解释力与指导力面临"双重困境"。而昔日电影院与剧场等公共场所的"标准受众"，在数字生活空间中变得越来越稀少，大众传播时代"标准受众"所具有的单一性、专注性与被动性，某种程度上被数字传播环境中丰富多彩的数字化、多样性、互动性的生活方式和传播方式所充斥与替代。

从"受众"概念到"生活者"概念的转变背后，所体现的深层次的转变是信息传播对象研究范式的转向与更替，而这一范式的转化是数字时代整个新闻与传播学科理论方式与范式转化的一个重要组成部分。原因在于，互联网技术的日新月异，导致全球整个新闻与传播学领域作为一个与技术发展密切相关的研究领域，正在面临新一轮的冲

---

[1] 喻国明、韩婷、杨雅：《媒介用户的使用体验：研究范式与定量化模型》，第176页。
[2] 〔英〕丹尼斯·麦奎尔：《麦奎尔大众传播理论（第六版）》，徐佳、董璐译，第335—337页。

击变革,当下传播环境的变革构成了当前传播学界与传播业界的总体关切,这是一种对整个传播结构的冲击。

除此之外,从"受众"向"生活者"的转向,也体现出传播学中传播对象研究范式的变迁。具体地讲,这种变迁是从以"精英赋权"下被动接受信息的"受众"为中心,向以"技术赋权"下主动接受信息与生产传播信息的"生活者"为中心转变;是从以传播学研究方法为主的传播范式,向以社会学与传播学研究方法为主的传播范式的转变。

三、营销领域的转向:从"消费者"到"生活者"

营销传播是传播学的一个重要分支研究领域。在传统营销传播领域对于人的研究中,研究者更多的是把人看作具有经济属性的"消费者"。对"消费者"这一概念的理解,"经常导致的倾向是把消费者简化为企业的目标对象,进而简化为消费过程中具有特定的消费心理和消费能力的理性化的人,与之相关的研究导向是关注通过具体的传播策略,影响消费者的心理,最终促成消费者的决策和购买"[1]。"消费者"所指的是具有单维度经济属性的群体。"消费者"这一概念,在传统的营销传播研究领域是具有适恰性的。

然而,在数字时代,随着由信息技术所构筑的数字生活空间的发展与日趋完善,传统营销传播时期所无法企及的事情,在技术的赋权下慢慢成为现实。而在这一过程中,原有的"消费者"概念的所指与内涵,已经无法合理地来诠释生活在数字传播环境中"生活服务者"

---

[1] 陈刚、沈虹、马澈、孙美玲:《创意传播管理——数字时代的营销革命》,第22页。

所面对的目标对象。

范式不是一成不变的，而是随着社会形势的不断变化发生"范式革命"，从而推动理论与现实关系的演变。[1]在数字营销传播研究领域，之所以"生活者"概念得以提出，是由于数字技术的发展，特别是"生活者画像"技术的出现，使得数字时代的"生活者"概念得以在实践层面更好地落地。传统营销传播领域中类型化、抽象化与模糊化的"消费者"，在技术的赋权下变成了看得见摸得着的一个个具体的"生活者"，在此背景下精准营销传播已经成为营销传播领域的一个重要研究课题与研究趋向。

值得注意的是，从"消费者"向"生活者"的转向，体现出营销传播学中营销目标对象研究范式的变迁。具体而言，这种变迁是从以单一经济维度的"消费者"为中心、以经济学研究方法为主的营销传播范式，向以多维度的"生活者"为中心、以社会学与心理学研究方法为主的营销传播范式转变。

四、"生活者"与传播学概念体系建构

对于学科发展而言，建立本学科的话语体系与概念体系是学科发展的内在所需。数字时代"生活者"概念的提出，正是传播学概念体系建构的重要探索。在传播学概念术语体系中，"生活者"是一个正在发展与建构中的概念。

库恩曾言："革命通过摆脱那些遭遇到重大困难的先前的世界框架

---

[1] 刘圣中：《历史制度主义：制度变迁的比较历史研究》，上海人民出版社，2012，第25页。

而进步。这并非一种朝向预定目标的进步,它通过背离那些既往运行良好,但却不再能应对其自身的新问题的旧框架而得以进步。"[1]面对信息技术与数字技术的日新月异,正如"网络文化"(cyberculture)的发言人和观察者凯利在书中所预言的那样,技术前途是光明的,尽管当下的互联网还不是乌托邦,但是我们终究会到达一个"拐点",进入一个新的世界。[2]在进入新的世界的过程中,人类传播学研究领域正在面临挑战与难题,旧有的概念与理论框架在面对数字传播环境中新的传播现象时,正在逐渐失去解释力、预测力,传播学研究领域需要对旧有的概念与理论框架进行革命和转变,与此同时,全球传播学研究领域在数字时代面临新的研究范式的更替。而在这样一场研究范式更替与变革过程中,传播学研究者们要积极主动地把握住时代发展的新机遇,积极建构新的概念体系与搭建学科自有的话语体系,从而提升传播学在人文社会学科中的话语权。

---

[1]〔美〕托马斯·库恩:《科学革命的结构(第四版)》,金吾伦、胡新和译,导读第27页。
[2]〔美〕凯文·凯利:《必然》,周峰、董理、金阳译,第315—321页。

第五章　回归现实：打破概念僵硬的
　　　　　自我封闭性

　　对于"生活者"的研究如同剥洋葱一般，本研究所需要遵循的研究路径是，首先从事物的现象洞察事物的本质，即从具体事物到抽象概念产生的过程，再从抽象概念回到具体事物的分析，从而对本质的认识更加深刻与丰富。理论研究最终要回归到实践中去进行落地，打破概念僵硬的自我封闭性，进而对实践带来一定的方向抑或指导价值。在本章中，笔者将研究的视角聚焦于数字时代"生活者"研究对于数字营销传播实践层面所产生的影响，并具体从思维转型、运营转型与数字资产三个维度展开。

第一节 "生活者"与数字营销商业模式实践转型

一、数字营销发展现状与转型动因

（一）营销理论的演变

营销理论的产生源于工业的发展与生产规模的扩大，通常意义上人们认为市场营销理论产生于19世纪末到20世纪初的美国，当时以美国为首的西方资本主义国家先后完成了工业革命。在本研究中，正如表5.1[1]所示，笔者将市场营销理论划分为两个历史阶段，分别为前数字时代的传统营销理论与数字时代的数字营销理论，并在此分期的基础上对经典营销理论的演变过程进行阐释与分析。

首先，在前数字时代的传统营销理论中，最具有代表性的营销传播理论分别为4P营销理论、定位理论、4C营销理论与整合营销传播理论。具体而言，早在20世纪60年代，杰罗姆·麦卡锡（Jerome McCarthy）等人在《基础营销：一种管理方法》（*Basic Marketing: A Managerial Approach*）一书中，明确提出4P营销理论，并将产品、价格、渠道、促销视为企业营销过程的四大要素，4P营销理论的提出奠定了营销管理的基础理论框架。到20世纪70年代，美国营销专家艾·里斯（Al Ries）与杰克·特劳特（Jack Trout）共同提出了在不改变产品的基础上，只通过传播等外在的手段来改变消费者认知的定位理论。1990年，美国罗伯特·劳特朋（Robert F. Lauterborn）教授提出以消费者需求为导向的4C营销理论，并将顾客、成本、方便、沟通

---

[1] 表5.1是在参考与借鉴刘立丰、王超、王越所著的《数字营销传播实务》一书中第114页内容的基础上，结合笔者个人的理解绘制而成。

第五章 回归现实：打破概念僵硬的自我封闭性

表5.1 营销理论的发展演变

	传统营销理论		舒尔茨的IMC	数字营销理论	
	麦肯锡的4P	劳朋特的4C		舒尔茨的SIVA	陈刚的CCM
	产品	顾客	整合活动	解决方案	生活者
	价格	成本	整合接触	价值	生活服务者
	渠道	方便	整合数据	途径	数字生活空间
	促销	沟通	整合战略	信息	数字服务化
	营销者强调"产品"本身，消费者只能被动地接受一切	营销者强调"消费者的需求"，"营销人"变成"普通人"为消费者提供产品与服务	营销者的目标在于直接性或间接性地影响有选择性的受众的行为，解决在一个信息高度透明化环境与高度成熟的市场中企业发展的问题	营销者变成"消费者的小人"（有各自独特需求与意愿的无数个体）为中心，强调"为消费者解决他们所面临的问题或满足他们的需求"	营销者成为"生活者"的服务者，服务于生活在数字空间中的生活者，强调"运用互联网思维来解决问题"

视为企业营销过程的四大要素。4C营销理论是对原有的主张站在企业立场上的4P营销理论的批判与更迭,呼吁营销传播人士转变思考的角度,站在消费者的需求立场上考虑营销问题,该理论某种程度上为整合营销传播理论的出现奠定基础。1992年,美国舒尔茨教授提出了经典的整合营销传播理论,并首次将"传播"上升到了与"营销"对等的地位,即认为"营销"等同于"传播"。整合营销传播理论已经明确摒弃了传统的以产品为导向的4P营销理论,并且进一步提出与肯定了消费者成为一切营销传播活动的出发点的营销立场。舒尔茨认为整合营销传播是一个战略性的业务流程,用来规划、发展、执行和评估具有可测量的、有说服力的营销传播项目,向消费者、客户、潜在客户、员工和其他目标、相关的外部和内部的受众进行长期传播……目标是产生短期财务回报,并建立长期的品牌和股东价值。[1]到1998年,美国营销学家大卫·艾克(David A. Aaker)明确提出了基于单个企业品牌系统的"品牌群"概念,并创新性地将生态学的"种群"概念引入品牌理论研究中。

上文所提及的一系列营销传播理论的出现,是基于大众传播时期特定的产业背景,当产业环境中最重要的传播环境发生了变化之后,营销传播的理论自然而然需要更新。毋庸置疑,在大众传播时代众多的营销传播理论中,整合营销传播理论可以称为一个集大成的理论,甚至可以说整合营销传播理论是大众传播时期的最后一个经典理论。虽然整合营销传播理论兴起于商品经济极其发达的美国,但是被引介

---

[1] Don E.Schultz, Heidi Schultz, *IMC: The Next Generation* (New York: McGraw-Hill, 2003), p.21.

到中国后，对于中国社会所带来的影响也是极其广泛的，在中国学术界与商业界一度出现"整合营销热"，诸多中国学者的研究都是围绕或者受到该理论的启发而展开的。

其次，在数字时代的营销传播理论中，最具有代表性的是舒尔茨教授的SIVA理论与陈刚教授的创意传播管理理论。SIVA理论是在原有的整合营销传播理论的基础上所进行的新的探索性研究，舒尔茨认为以消费者为中心的营销传播必须关注于解决方案（solutions）、信息（information）、价值（values）、途径（access）这四个要素，简称为"SIVA"。SIVA理论模型的重点在于将原有的营销传播活动中营销者的主导权转移到消费者手中，营销者变成消费者的仆人且始终坚持以"消费者"为核心，以数字时代搜索引擎的广泛使用为驱动力，在这个过程中品牌扮演的角色是为消费者缩短决策的路径，从而快速地找到答案抑或解决方案。正如研究者们所普遍认为的，创意传播管理理论所提供的是数字时代的营销传播模式，"创意传播管理不是传统意义上的变革，而是一种根本性的研究范式的转换，它颠覆了很多传统的概念和观念，突破了狭义的营销和传播学的研究框架"[1]。

从历史发展的角度看，营销理论经历了由强调"生产导向"到"市场导向"，从"市场导向"到"消费者导向"，再由"消费者导向"向"生活者导向"的转变；营销观念从"生产观念""产品观念""推销观念"发展到"营销观念"，最终再上升到"社会营销观念"。当下，本书的研究对象数字时代的"生活者"已经逐渐成为营销理论研究者

---

[1] 沈虹：《协同与互动：网络营销创意传播服务模式研究》，中央民族大学出版社，2013，第25—26页。

所关注与探讨的焦点,而这一点在创意传播管理理论中得以彰显。[1]

(二)数字营销溯源与内涵解读

由于数字营销的发展离不开互联网商业化的发展,因此有关数字营销的研究与互联网的商业化发展基本上是同步的。通常意义上,对于数字营销理论的研究,可以最早溯源到1994年乔布(Giobbe)等人所写的题为《数字时代的营销计划》(*Plan for Marketing in the Digital Age*)的文章。文中指出,虽然彼时信息高速公路尚未完全建好,但报纸媒体应该做好拥抱互联网的计划,因为数字时代迟早要到来。通过梳理分析发现,"数字营销"概念正式提出始于1995年发表在国外《营销杂志》(*Marketing Magazine*)期刊上的一篇题为《数字营销从战略规划开始》(*Digital Marketing Begins with Strategic Planning*)的文章中,该研究首次提出了"数字营销"的概念,并深入浅出地探讨了互联网时代数字营销的兴起以及数字营销成功的十大策略。虽然早在20世纪90年代,数字营销低调地走进了大众视线,但是到2014年数字营销已经成了业界主流[2],此后随着人工智能、大数据、AR、VR、5G、区块链等数字技术的日新月异,有关数字营销的研究也在不断深入推进。

西方研究者们最早提出并热衷于对"数字营销"概念与内涵进行研究。其中,在有关"数字营销"概念的界定研究中,具有代表性的研究如下:2007年美国数字营销协会对"数字营销"进行了概念上的明确界定,认为数字营销是"利用数字技术开展的一种整合、定向和可衡量的

---

[1] 王方华:《管理者的思考:中国企业发展面临的挑战与机遇》,第33页。
[2] 〔美〕达米安·瑞安:《理解数字营销》,高兰凤译,第2页。

传播，以获取和留住客户，同时与他们建立更深层次的关系"[1]。此后，克里斯蒂安（Cristian）、埃琳娜（Elena）与卡米洛亚（Camelia）三位研究者在《数字营销：现代商业传播的机遇》(Digital Marketing: An Opportunity for the Modern Business Communication)这本书中，对"数字营销"的内涵与所指进行阐释，指出数字营销是通过相关的、个性化和成本效益的方式使用数字分销渠道到达消费者，以促进产品和服务销售的一种营销方式。除此之外，以上三位研究者还对数字营销所涉及的范畴进行了廓清，认为数字营销不仅包含互联网营销中的许多技术和实践，还包括不需要连接互联网的其他数字渠道，如户外数字广告牌等。

在中国学术界，"中国数字营销十年杰出数字营销青年学者"阳翼曾持续数年紧跟数字时代浪潮并关注于数字营销的发展。2019年他在《数字营销（第2版）》[2]一书中，对"数字营销"的概念进行了精练概括，并对数字营销的分类以及发展历程进行梳理分析。他认为，所谓数字营销，是指"使用数字媒体[3]推广产品和服务的营销传播活动"，具体地讲数字营销主要包括六种方式，分别为"社会化媒体营销、移动营销、微电影营销、虚拟游戏营销、搜索引擎营销和电子商务营销"。除此之外，阳翼将数字营销的发展历程进一步划分为"基于

---

[1] Jo Royle and Audrey Laing, "The Digital Marketing Skills Gap: Developing a Digital Marketer Model for the Communication Industries," *International Journal of Information Management*, No.2(2014):65-73.
[2] 阳翼：《数字营销（第2版）》，中国人民大学出版社，2019，第4页。
[3] 此处所谓的"数字媒体"特指以二进制数的形式记录、处理、传播、获取过程的信息载体。

Web1.0的单向营销[1]、基于Web2.0的互动营销[2]、基于Web3.0的大数据精准营销[3]、基于Web4.0的人工智能智慧营销[4]"四个阶段。这四个发展阶段（图5.1[5]所示）是"叠加式"升级演变，而非绝对性的"替代式"升级，在实际的营销操作过程中，为了取得最佳的营销效果，它们之间可以互相配合与补充。

基于上文的阐释与分析，笔者认为数字营销在本质上是一种营销的手段，它是运用数字技术与数字传播分销渠道进行推广产品与服务的营销传播活动。在未来，随着数字技术的发展，可以预见数字营销的传播渠道与营销方式会更加趋于多元化。

---

[1] 数字营销1.0时代是基于Web1.0的单向营销，数字营销1.0时代始于1994年，标志性事件是：1994年10月27日，AT&T在HotWired.com（HotWired.com是在线杂志网站，是美国《连线》杂志的前身）上投放了一个尺寸为468×60像素的展示类横幅广告，横幅广告的背景为黑色，左边彩色文字为"Have you ever clicked your mouse right HERE？"，一个箭头指向右边文字"YOU WILL"，这个看似普通的互联网广告实则开启了一个新的广告时代。

[2] 数字营销2.0时代是基于Web2.0的互动营销，数字营销2.0时代始于2002年，标志性事件是：2002年Friendster.com的创建开启了SNS（社交网络服务）的第一波热潮。此后，SNS的概念随着MySpace、Facebook、开心网、人人网等网站的成熟而逐渐被人们所熟知。

[3] 数字营销3.0时代是基于大数据的精准营销，数字营销3.0时代始于2013年，标志性事件是：2013年被称为"大数据元年"，在这一年中学界与业界开始聚焦于大数据，大数据开始在各行各业得到广泛运用。在学术界，英国研究者舍恩伯格于2013年1月出版了《大数据时代》一书；在产业界，2013年6月上映的《小时代》电影是基于大数据挖掘来预测其核心目标人群并进行精准营销，该电影创造了上映三天超过两亿元的神话，并在电影行业中树立了大数据营销的典范。

[4] 数字营销4.0时代是基于人工智能的智慧营销，数字营销4.0时代始于2017年，标志性事件是：2017年迎来了人工智能的"应用元年"，人工智能向金融、医疗、交通、重工业、远程通信、音乐以及教育等诸多领域全面渗透。

[5] 图5.1是在参考与借鉴阳翼所写的《数字营销（第2版）》一书中第4—8页内容的基础上，结合笔者的思考绘制而成。

第五章　回归现实：打破概念僵硬的自我封闭性

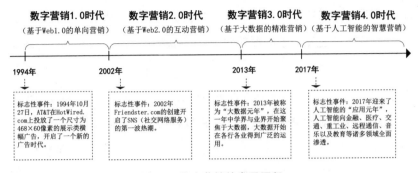

图5.1　数字营销的发展历程

（三）企业数字营销转型的必要性分析

前不久，"现代营销学之父"菲利普·科特勒（Philip Kotler）教授在回答他的博士生所提"在未来十年营销学受到的最大挑战是什么"这一问题时，科特勒沉思了两分钟之后回答道："互联网（Internet）。"[1]在互联网的冲击与影响下，传统的营销理论受到严重挑战，同时在实践层面企业的营销战略也面临转型。正如《营销制胜》（Marketing for Competitiveness）一书译者序部分所描述的："互联网、移动互联网、物联网、虚拟现实、云计算、大数据、数字化等所包含的丰富内涵及其在商业和生活中的应用，在彻底改变企业价值创造模式和创新逻辑的同时，也从根本上改变了人们的生活和消费方式，人们仿佛一夜之间就进入一个完全不同的世界。"[2]而这样一个完全不同的世界，是以往人类所从未遇到过的，这是一个由互联网技术所构筑

---

[1]　王方华：《管理者的思考：中国企业发展面临的挑战与机遇》，第30页。
[2]　〔美〕菲利普·科特勒、〔印尼〕何麻温·卡塔加雅、许丁宜：《营销制胜》，王永贵译，中国人民大学出版社，2019，译者序第1页。

的数字生活空间。当人类生活在一个崭新的数字生活空间中时，既然原有的传播环境发生了颠覆性的变化，那么企业的营销传播是否面临数字化转型？显然，对于这个问题的回答是肯定的。企业之所以需要进行数字营销转型，主要基于以下两点思考：

首先，市场环境变化驱使企业在日趋信息对称的市场环境中做出根本性的变革。对于市场环境变化而言，人类经历了从"传统市场"到"数字市场"的转变。在数字时代以前，人类所面对的是一个信息不对称的传统意义上的"传统市场"，企业与消费者之间存在距离感，而互联网的出现突破了原有使用的限制与地域的区隔，信息不对称的格局正在被打破。在数字时代，企业"实际上被置于一个看起来庞大，但信息传递速度很快、没有空间感的社区"[1]，而此时企业与"生活者"共同生活在一个数字生活空间中，人类所面对的是一个新型的"数字市场"。追根溯源，"数字市场"这个概念最早是在《超越营销：微博的数字商业逻辑》[2]一书中被正式提出，这个概念是"从数字生活空间的概念演化而来的，它描述的是整个数字互联网的发展"，所谓的"数字市场"是指"基于数字生活空间，生活者与生活服务者能够进行规模化的个性化商业交易的数字化场所和数字化手段的总称"。一方面，在这个数字生活空间中，由于信息互动性的增强以及信息不对称境况的改观，企业生产产品不能盲目地进行大规模生产。在互联网经济下，市场由"微细分"走向"超微细分"，而与之相对应的营销也由"一对多营销"走向"一对一"营销，在此背景下企业理

---

[1] 陈刚、沈虹、马澈、孙美玲：《创意传播管理——数字时代的营销革命》，第51页。
[2] 陈刚、王雅娟：《超越营销：微博的数字商业逻辑》，第349页。

应根据"生活者"的实际需求来进行精准化与柔性化的生产。另一方面,由于在数字时代"生活者"被赋予了更多的权利与角色,当"生活者"作为传播者、生产者与创造者的身份逐渐得以彰显时,在此情境下企业不得已而且必须改变以往"高高在上"的主导性角色,放下原有的"高贵身段",逐渐转型为满足"生活者"需求的"生活服务者"。

其次,传播环境变革使得企业所面对的传播对象本身发生了前所未有的变化。目前,人类所面临的最大变化是从原有的大众传播模式向数字传播模式的转型。在《创意传播管理——数字时代的营销革命》一书中,研究者陈刚等人阐述了传播对于企业发展的重要性,认为在数字生活空间中,"传播已成为一个企业发展最核心的环节"[1],并进一步指明传播辐射到了企业发展的所有层面。而在这场产业变革与理论变革的过程中,首先发生的重要性变化是个体从"消费者""受众"转变为"生活者",这正是传播方式变革的起点和基点。那么,对于企业的数字营销而言,也必然以此为主要的切入点进行探索,可以说"生活者的需求"是数字营销走向的风向标。面对数字传播环境中传播对象的变化,生活服务者理应对管理系统、销售系统、生产系统以及传播系统进行全面的、全链条的数字化转型,而数字营销传播的转型也是这场变革中的应有之义。

总而言之,在这样一个崭新的数字世界中,一切都在发生变化,"唯一不变的就是变革。持续的技术革命将持续引发新的市场动态,特

---

[1] 陈刚、沈虹、马澈、孙美玲:《创意传播管理——数字时代的营销革命》,第57页。

别是在亚洲……市场要求市场营销做出根本性的范式变革"[1]。如今，人类正面临由"传统市场"向"数字市场"的转型，"在数字市场形成的过程中，规模化的数字交易逐渐成为经济社会的主流，传统交易手段成为数字经济社会的辅助部分"[2]，在此背景下，具体到微观的数字营销领域而言，企业数字营销转型迫在眉睫。企业不仅需要从角色上转变为"生活服务者"，而且需要在营销战略、营销策略与营销价值方面做出重大的转向和变革。

二、重新认识与挖掘"生活者"价值

(一)"认知"的转变：由表面到深层

科特勒等人对市场营销理论的演变有过翔实的分析与阐释，认为在过去的几十年期间，市场营销研究领域经历了市场营销1.0、市场营销2.0与市场营销3.0三个阶段的演变。[3]在这一演变过程中，企业对于市场对象的认知经历了由"表面认知"到"深层解读"的历时性变迁。具体地讲，在市场营销1.0阶段是以"产品"为中心的营销，在这一初级阶段市场营销把工业生产时代生产的产品卖给有物质需求的大众买家；而市场营销2.0阶段是以"顾客"为中心的营销，企业所面对的是更加理智且更加聪明的消费者；再到市场营销3.0阶段时，企业所面对的对象是"有思想、有精神追求的完整的人"，而不能把营

---

[1] 〔美〕菲利普·科特勒、〔印尼〕何麻温·卡塔加雅、许丁宜:《营销制胜》，王永贵译，第26页。
[2] 陈刚、王雅娟:《超越营销：微博的数字商业逻辑》，第349页。
[3] 〔美〕菲利普·科特勒、〔印尼〕何麻温·卡塔加雅、〔印尼〕伊万·塞蒂亚万:《营销革命3.0：从产品到顾客，再到人文精神》，毕崇毅译，机械工业出版社，2011，第3—5页。

表5.2 市场营销1.0、市场营销2.0和市场营销3.0的比较[1]

市场营销发展阶段	市场营销1.0：以"产品"为中心的营销	市场营销2.0：以"顾客"为核心的营销	市场营销3.0：以"人"为本的营销
目标	卖产品	满足并留住消费者	使世界变得更加美好
驱动力	工业革命	信息技术	新浪潮科技
公司如何看待市场	有物质需求的大众买家	理智的、更聪明的消费者	有思想、有精神追求的完整的人
主要营销理念	产品开发	差异化	价值
企业营销指南	产品规格	企业与产品定位	企业使命、愿景和价值观
价值主张	实用	功能和情感	功能、情感和精神
与消费者的互动	一对多交易	一对一关系	多对多协作

销对象仅仅视为具有单维度经济属性的消费者。科特勒所提出的"有思想、有精神追求的完整的人"的观点，与陈刚所提出的数字生活空间中的"生活者"概念的内涵不谋而合。

《营销革命4.0：从传统到数字》（Marketing 4.0: Moving from Traditional to Digital）一书首次提出了"营销4.0"的理念。舒尔茨给予此书极高的评价，并指出："科特勒等作者对当今的数字化、互动性市场和营销的新角色进行了完美的解读。"此处所提及的"营销4.0"是以大数据、社群、价值观营销为基础，企业将营销的中心转移到如何与"生活者"

---

[1] 表5.2参考文献来源：〔美〕菲利普·科特勒、〔印尼〕何麻温·卡塔加雅、许丁宦：《营销制胜》，王永贵译，第42页。

积极互动、尊重"生活者"作为"主体"的价值观,让"生活者"更多地参与营销价值的创造中来。[1]营销革命4.0是营销3.0发展的自然结果,营销3.0本身是以人为本的营销,营销4.0是在营销3.0的基础上更加强调以"生活者"作为"主体"的价值观,其目的是让"生活者"更多地参与营销价值的创造。

正如阳狮锐奇公司(VivaKi)首席战略与创新官里沙德·托巴科瓦拉(Rishad Tobaccowala)所言:"今天,我们没有落后于竞争,也没有落后于技术,但我们却落在顾客后面了。"[2]在笔者看来,托巴科瓦拉在此所提及的对于"顾客"的理解,实则更像是对于生活在数字时代的"生活者"的认知,同时也是科特勒在市场营销中所提及的"以人为本"中的"人",他们是有思想、有精神追求的完整的人。营销转型的方式经历了从以"产品"为中心,到以"顾客"为核心,再到以"人的精神"为中心的变迁,这所代表的是人类在营销领域认知层面的历时性演变,更是一种由表面到深层次认知的改变。而所谓的"人的精神",就是从"人生活的意义"的角度来理解"生活者"。

基于以上分析,由于在技术驱动下人类所面临的传播环境的颠覆性变革,我们会发现,在数字传播环境中对于营销领域中营销对象的理解而言,也正在发生变化,理应由原来带有某种局限性的对"受众""消费者"与"顾客"的认知,上升到对于以人为本的深层的"生活者"认知。这一认知的转变是事物发展的必然趋势,认知的转变并

---

[1] 〔美〕菲利普·科特勒、〔印尼〕何麻温·卡塔加雅、〔印尼〕伊万·塞蒂亚万:《营销革命4.0:从传统到数字》,王赛译,机械工业出版社,2018,译者序第Ⅺ页。
[2] 转引自〔美〕菲利普·科特勒、〔印尼〕何麻温·卡塔加雅、许丁宦:《营销制胜》,王永贵译,第63页。

非一蹴而就，而深层的认知与研究范式的全方位的转化还需要一定的时间。

（二）"行为"的转变：由认知到践行

在数字时代，正如塔拉·亨特（Tara Hunt）所言："人们不再听信广告、销售人员推介或者其他重要的信息。他们不在乎企业说什么、卖什么或者是赠送什么。最主要的原因是他们太忙了，以至于没空去听。"[1]诚然，亨特所描述的这一现象背后折射出深层次的社会背景，是一种社会形态与传播环境变迁所带来的整个人类认知和实践层面的变革与转向。

国外研究者艾·里斯（Al Ries）和劳拉·里斯（Laura Ries）早在二十年前，就已经预测到广告的黄金时代将会消亡，他们的逻辑建立在三个方面的背景下：一是广告的大量使用最终会降低其效果；二是广告越来越被视作单向的、片面的（有偏差的）和企业导向的沟通策略，而人们所追求的却是值得信任的、没有偏见的、顾客导向的信息；三是广告产业似乎迷失了方向，关注的焦点似乎已经由到底诱发了多少销售额转向创作更有创造力的广告本身。[2]无独有偶，陈刚在2008年写了一篇题为《后广告时代：创意传播管理革命》[3]的重要文章，研究者在文章中指出，中国的广告业正处于失语的阶段且面临新的变革，"广告行业正在发生革命性的变化，革命性就是在过去不是主流，现在逐渐变成主流，传统的东西要在新的框架里，重新考量"。无论是国

---

[1] 转引自〔美〕菲利普·科特勒、〔印尼〕何麻温·卡塔加雅、许丁宦：《营销制胜》，王永贵译，第146页。
[2] 同上书，第154页。
[3] 陈刚：《后广告时代：创意传播管理革命》，《广告大观（综合版）》2008年第7期。

内的研究者还是国外的研究者，对于广告营销学领域的危机与变革早已在认知层面预见，而接下来更为重要的事情是由"认知"到"践行"进行实际行动与实践落地。

笔者认为科特勒笔下所描绘的市场营销4.0的时代与以数字生活空间中的"生活者"为中心的数字营销时代的观点存在共鸣之处。现如今，对于生活在数字生活空间中的"生活者"而言，"他们不仅寻求功能和情感上的满足，而且在自己所选择的产品和服务中寻求精神上的满足"[1]。数字时代市场营销的对象正在发生变化，那么，营销本身也需要发生根本性的变革。近些年来，社会化媒体营销、电子商务营销、搜索引擎营销、移动营销、虚拟游戏营销以及微电影营销的兴起与发展，正是回应这场由"认知"到"实践"的营销传播领域变革的有力例证。

三、"生活者"与数字营销的耦合关系

数字营销是运用数字技术与数字传播分销渠道，进行推广产品与服务的营销传播活动。数字营销的发展与互联网商业化的应用相互耦合且密不可分。在整个数字营销传播活动中，营销传播的对象即生活在数字生活空间中的"生活者"，成为数字营销活动的核心。由此可见，在数字传播环境中，"生活者"既是数字营销传播活动的营销对象，同时也是整个营销传播活动的核心组成部分。

随着数字技术的创新发展以及互联网的广泛应用，人类正在进入由

---

[1]〔美〕菲利普·科特勒、〔印尼〕何麻温·卡塔加雅、许丁宜：《营销制胜》，王永贵译，第42页。

第五章　回归现实：打破概念僵硬的自我封闭性

美国"数字化预言家"尼古拉斯·尼葛洛庞帝（Nicholas Negroponte）于20世纪90年代在《数字化生存》（Being Digital）一书中所预言的"数字化生存"的阶段。数字生活空间是人类从日常生活的角度为切入点去理解互联网，是对人类社会生活经验、时空感和时间感的一种深层次表述。换言之，数字生活空间正是尼葛洛庞帝所描述的"数字化生存"进行落地的土壤。

在数字生活空间中所展现的是一种"去中介"的新型商业形态，"原先帮助企业与消费者进行规模化沟通的大众媒体被取代，在数字生活空间中，生活服务者与生活者可以实现规模化的人际沟通。同时，辅助企业进行规模化的商品传递的中间商消失，物流和支付数字化之后，规模化的商业传递不是横亘在生活者与生活服务者的阻拦，而是外围的支持系统"[1]，而这一变化实则预示着以"生活者"为中心的时代真正到来。在大众传播时代，企业一直处于中心位置，而营销传播的对象在实际的操作过程中，并未成为商业研究的真正中心，陈刚等研究者认为，其原因并不在于企业没有意愿这样做，而是没有能力这样做，而这种"无能为力"具体表现在两个方面：一方面，操作过程中成本过高；另一方面，在当时的环境下，技术条件是不允许的。然而，如今大为不同，数字技术的飞速发展带动了数字生活空间的形成，数字化的发展从根本上为"生活者"成为中心奠定了基础。[2]在此背景下，"生活者"在数字营销传播中的重要性得以凸显。

"生活者"与数字营销之间存在着密切的耦合关系。在数字营销

---

[1] 陈刚、王雅娟：《超越营销：微博的数字商业逻辑》，第351页。
[2] 同上书，第351—352页。

的过程中,倘若"生活服务者"善于恰到好处地调动"生活者"的积极性与主动性,善于激励"生活者"参与到品牌的传播中不失为一种明智之策。本研究以海底捞国际控股有限公司(简称"海底捞")的数字营销为个案进行分析。海底捞本身是一家以川味火锅为主并融汇各地火锅特色于一体的传统优质火锅品牌,目前已经发展成为遍及美国、日本、英国、新加坡、韩国、加拿大、越南、马来西亚、澳大利亚等诸多国家的国际知名餐饮企业。在数字时代,海底捞希望能够通过数字营销与"生活者"进行沟通,进而建立互联网化的品牌新形象,海底捞曾以调味料新品面市为契机,围绕"深夜发吃,回馈社会"的热门话题展开,延展创作符合品牌调性的内容,打通微博与微信等多家主流数字媒体,并与豆瓣、知乎、百度贴吧等社交网络平台紧密结合,利用H5与秒拍等多种线上传播工具,充分整合网络资源并积极引导"生活者"参与UGC[1]的内容创作。在海底捞的这次数字营销活动中,"生活者"主动在微博、微信朋友圈、秒拍等自媒体平台传播内容,根据相关统计数据显示,此次微博传播共覆盖2165万人次,获得超过29万次的互动,点赞超过29万次;微信公众号传播阅读量超过55万,其中有5篇文案的阅读量超过10万;选取生活、资讯与搞笑类秒拍大号进行产品植入拍摄并发布视频,引发"生活者"的积极讨论与模仿并获得745万播放量。[2]基于以上统计数据分析,我们会发现海底捞"深夜发吃,回馈社会"数字营销传播效果十分显著,是"生活者"借助数字技术和互联网内容平台参与品牌传播的经典案例。

---

[1] UGC是User Generated Content的缩写,特指用户所生产的原创内容。
[2] 阳翼:《数字营销(第2版)》,第2页。

如上所述，海底捞不仅善于运用数字营销来打开传播新世界与提升品牌形象，同时也是传统企业互联网数字化转型的开拓者。从更深层面剖析，数字营销成功的背后在于海底捞真正地以"生活者"为中心去进行数字营销与品牌建设，把自身定位为一个"生活服务者"，勇于放下身段去深入了解与洞察"生活者"需求，并积极引导"生活者"参与品牌共建。海底捞数字营销传播的案例，进一步地佐证了上文所提及的"在数字传播环境中'生活者'既是数字营销活动的营销对象，同时也是整个营销传播活动的核心组成部分"的观点。

第二节　数字转型实践路径一：思维转型与"生活者"协同共创

一、数字营销思维观念变革的必要性

日本管理学家、经济评论家大前研一指出："我们忘记了世界看待我们的方式，因为我们已经习惯通过一种特别的透镜来观察它。今天，我们需要新的透镜，以抛掉旧的方式。"[1]营销传播所产生的信息本身是"社会机能的润滑油"，它不仅在商品流通中承担传递商品信息与促销等部分机能，而且它还能够深入整个社会再生产的全过程中去发挥更大的影响。在数字时代，对于营销传播研究领域而言，亦需要抛弃原有的营销思维方式，用一种大前研一所描述的新的透镜的方

---

[1] 转引自〔美〕菲利普·科特勒、〔印尼〕何麻温·卡塔加雅、许丁宦：《营销制胜》，王永贵译，第134页。

式,来重新解读当下的营销现状与未来趋势。

在传统营销传播时期,企业对待市场的看法是将其看作"有物质需求的大众买家",企业与这些有物质需求的大众买家之间存在着"一对多"的交易。然而,随着数字技术和互联网商业化应用的普及与渗透,原有的传统市场中信息不对称的局面被打破,数字市场逐渐形成并日趋完善,以数字营销传播为主的时代已经到来。

在数字时代,"生活服务者"与"生活者"之间的互动,由原有的"一对多交易"模式变成了"多对多的协作"模式,"生活者"成为生活的创造者并与"生活服务者"一同参与产品的生产以及品牌的共建。

正如《营销革命4.0:从传统到数字》一书中所描述的,传统营销所面对的是一个常规的市场路径,而数字营销所面对的是交互的市场路径。在图5.2[1]中,科特勒等人对从传统营销向数字营销转变的过程进行了翔实的诠释。笔者认为,当下在营销传播领域中,由于"生活服务者"所面对的数字生活空间中的信息传播对象发生了根本性的变化,因此对于"生活服务者"而言,进行数字营销思维观念变革迫在眉睫。不可忽视的一点在于,从传统营销传播到数字营销传播的全面实现并非一蹴而就;相反,是需要在技术的加持下经历一个变革与发展的过程。

---

[1] 图5.2参考文献来源:〔美〕菲利普·科特勒、〔印尼〕何麻温·卡塔加雅、〔印尼〕伊万·塞蒂亚万:《营销革命4.0:从传统到数字》,王赛译,第43页。

第五章 回归现实：打破概念僵硬的自我封闭性

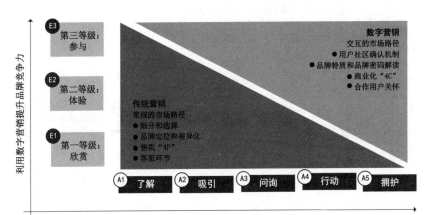

图5.2 从传统营销向数字营销转变

二、数字技术助力"生活者"协同共创

倘若不能正视数字技术与互联网商业应用的重要性，如果整个社会的经济以及企业的生产不按照互联网的思维方式进行转型与运转，那么在不远的将来，故步自封的企业注定会被边缘化，甚至会成为时代列车所抛弃的"遗老遗少"。

从信息传播与技术发展的角度来分析，人类在工业社会所存在的基本矛盾与问题是信息的不对称，而互联网数字技术的出现则解决了工业社会信息不对称的问题，进而推动了工业社会的优化与重构。"生活者"与"生活服务者"之间的"中间环节"会淡化，甚至会消失，而这一切可能性实现的背后，需要数字技术与信息技术推动下的数字生活空间日趋完善。在技术的助力与推动下，信息传播过程由"直线模式"向"循环模式"再到"互动模式"进行转换，互联互通在技术的加持下得以实现。

德斯福杰（Desforger）与安东尼（Anthony）曾指出："15年前，我们有三个主要的刺激来源：电视、公关和口碑，至少有两个是营销人员所能掌控的。但发生改变的是：顾客不会认同营销人员所传递信息的表面价值。现在顾客会说，'嘿，我需要有控制权，我要对我自己的产品教育负责'。"[1]从德斯福杰与安东尼的观点中，我们可以体会到，在营销传播的过程中，营销对象即人的主动性在增强。今天的"生活者"比以往任何一个时代变得更加聪明，同时"生活者"的要求也变得更高，"IT为他们提供了丰富的信息，所以有时他们很可能比企业的销售人员更富有知识"[2]。因此，基于对以上背景的阐释与分析，在数字传播环境中，"生活者"愈加不满于被动地接受信息、产品抑或服务，他们试图成为主宰自己生活的主人，并且自然而然地流露出与"生活服务者"协同共创的想法，而这一想法的实现则归功于大数据、云计算、人工智能、AR、VR、区块链等新技术的创新发展，从而使得"生活者"拥有更多的生活化的网络平台和沟通渠道去进行意见的反馈、观点的表达与信息的沟通，"生活者"以看似"细雨润无声"的方式参与品牌的共建。简而言之，在这个互联互通的数字时代，互联网技术助力"生活者"协同共创成为可能。

三、协同创意：从"使用者"到"参与设计者"

在数字生活空间网络平台中，"生活者"对信息的主动生产与传播

---

[1] 转引自〔美〕菲利普·科特勒、〔印尼〕何麻温·卡塔加雅、许丁宦：《营销制胜》，王永贵译，第67页。
[2] 〔美〕菲利普·科特勒、〔印尼〕何麻温·卡塔加雅、许丁宦：《营销制胜》，王永贵译，第67页。

是打破传统大众传播时代信息传播模式的重要标志,与此同时,也是"生活者"参与品牌建构,实现"生活者"与品牌协同创意的具体表现。技术的发展为网络互动广告的创意提供了更为丰富的表现渠道与手段。[1]"生活者"主动地与"生活服务者"进行信息沟通,这一现象的背后折射出,"生活者"由大众传播时代被动的产品"使用者"逐渐向"参与设计者"的角色转变。

在"生活服务者"与"生活者"共同创造的过程中,"生活服务者"与"生活者"之间的对话和互动显然是必要的。在《营销制胜》一书中写道:"对话象征着两个当事人或多或少地处在一个平等的水平化过程中。这远非仅仅倾听顾客的意见,而是在两个对等的问题解决者之间的共享学习和沟通。"[2]这种带有某种程度上的平等性对话为"生活者"与"生活服务者"之间的协同创意提供了可能性,不可忽视的是,真正使得协同创意得以落地的是数字技术的发展以及互联网商业应用的日趋完善。科特勒的观点认为,为了确保对话能够促进和推动共同创造目标的实现,"生活服务者"需要考虑以下三个事项:首先,聚焦"生活者"和"生活服务者"之间的共同利益;其次,需要一个使对话得以进行的论坛;最后,需要一套允许高效互动的规则。[3]"共同利益""对话平台"与"互动机制"是"生活者"与"生活服务者"之间协同创意得以实现的必要条件。

那么,当前摆在研究者面前需要廓清的一个问题是:"生活者"是

---

[1] 阳翼主编《数字营销传播:思维、方法与趋势》,暨南大学出版社,2015,第162页。
[2] 〔美〕菲利普·科特勒、〔印尼〕何麻温·卡塔加雅、许丁宦:《营销制胜》,王永贵译,第150页。
[3] 同上。

如何由"使用者"向"参与设计者"角色转变的？研究发现,"大众传播时代的广告创意人担任着品牌建构的主要角色,他们采用各种不同的创意手段执行广告传播策略、实现品牌建构的目标,将品牌的最终形象呈现给目标消费者"[1],也就是说,传统大众传播时期的品牌创意实际上是由广告创意人所精心塑造的一尊"雕像"。而在数字传播时代,原有的大众传播时代信息不对称的问题得以改善,"生活者"与"生活服务者"之间互通互动成为可能,此时正如沈虹等人在研究中所指出的,"生活者"并不想得到一尊被创意人完全设计好的"雕塑",而是希望品牌传播能够为"生活者"提供一定的空白,以便让"生活者"参与创意,"生活者"由原有的"旁观者"抑或产品与服务的"使用者",变为一个具有主动性的"参与设计者",而这一过程有时是"生活者"有意识的特意为之的行为,有时又是一种完全无意识的行为。在这一过程中,原有的创意人将其所拥有的整体工作中的一部分已经让渡给了"生活者","生活者"不仅仅是品牌的拥有者,而且还是品牌的建构者,但是品牌的价值以及品牌资产依旧归"生活服务者"所拥有,这一点是未曾改变的。

目前,在数字转型实践中,"生活者"真正地参与品牌产品的生产与开发的经典案例已经出现。譬如,放眼国际,本研究以跨国公司贺曼(Hallmark)为例进行分析。以制造贺卡和电影娱乐事业为主的贺曼公司,是由乔伊斯·霍尔(Joyce Hall)于1910年所创立,目前贺曼已经建立了"Hallmark知识创新群体",这是一个由"首要生活者"

---

[1] 沈虹:《协同与互动:网络营销创意传播服务模式研究》,第150页。

（leader liver）构成的在线论坛，用于设计新产品。[1]虽然贺曼是一个有着百年历史的美国老字号品牌，但是在数字时代，贺曼积极面对互联网所带来的挑战并不断创新性地探索与"生活者"进行协同创意的举措，使得贺曼分公司已经遍布全球百余个国家，而其业务的发展也愈加多元化。再比如，放眼中国国内，本研究以中华老字号品牌王老吉为例进行解析。根据统计数据显示，每年约有70个中华老字号走向衰落，老字号品牌越来越难以把握住Z世代[2]中自我意识强烈且社交至上的新新人类的喜好。那么，在此背景下，王老吉在2019年创新性地发起了"王老吉品牌制作人活动"，在整个活动中王老吉转变传统的思维方式，将自身作为"生活服务者"，把品牌虚拟形象权、品牌营销权、产品设计权交给Z世代，充分借助民主化营销调动"生活者"参与品牌协同创意与协同营销的积极性，让Z世代赋予中华老字号品牌王老吉全新生命力。根据"王老吉品牌制作人活动"后期数据反馈，整个活动共收获888幅投稿，其数量超过B站常规活动的五倍，与此同时，王老吉"Z-star出道专辑"成为B站当期最火内容，比肩全站50%的日活跃用户数，在此活动中所定制与设计的特殊灌装的王老吉产品短时间内全部售罄，王老吉在整个2019年夏季销量提高8%。[3]综上分析，王老吉与"生活者"进行协同创意，并真正生产出直面"生活者"

---

[1] Ajit Kambil, G. Bruce Friesen and Arul Sundaram, "Co-creation: A New Source of Value," *Outlook Magazine*, No.2 (1999): 23-29.

[2] "Z世代"本身是来源于美国及欧洲的流行用语，意指在20世纪90年代中叶至2010年前出生的人，即1995年至2009年间出生的人，通常被人们称为"95后"，他们是受到互联网科技影响颇大的一代人。

[3] 数英DIGITALING：《王老吉牵手Bilibili，创造现象级圈层营销大事件》，https://www.digitaling.com/projects/ 94429.html，访问日期：2022年9月8日。

的年轻定制化产品,充分借助民主化营销,在协同创意的基础上让Z世代赋予了中华老字号品牌王老吉全新生命力,这是数字时代传统企业在思维方式转型过程中的成功范例。

[**案例5-1**]:笔者曾经对被访谈者A42-LM进行了无结构访谈,访谈中有这样一段对话。笔者问:您平时喜欢在互联网上进行评论吗?A42-LM:我平时会在互联网上进行评论,这得看我当时的心情以及当时我是否处于空闲中。比如,我平时会关注一些我感兴趣的公众号,譬如"POPLIN""女神进化论""大饼穿搭札记"等。我有的时候会在里面进行评论。一般情况下,公众号里面评论人所写的内容,会给写公众号的人提供一定的建议,那么第二天他(指的是写公众号的人)在推出新的内容的时候,所推出内容是和评论区大家的评论内容相关,显然写公众号的写手是看到了评论人的评论并听取了相关建议。有的时候我写的评论对公众号内容的再生产是有帮助的,我觉得我间接地成了内容的生产者。(受访者A42-LM,女,33岁,校长,新疆乌鲁木齐)

诚如A42-LM所描述的,她已经意识到自己在互联网上成为内容的生产者,间接地参与到品牌的协同创意中。在数字生活空间里,倘若"生活服务者"在品牌传播的过程中,能够善于巧妙地运用"生活者"创造的内容产品进行协同创意,容易产生事半功倍的效果,进而带来裂变式的传播价值。其中,杜蕾斯品牌所造就的"杜蕾斯雨夜鞋套事件",可以称为是成功的数字营销典型案例。

"杜蕾斯雨夜鞋套事件"的来龙去脉是这样的:在2010年6月23

日,当时正是北京傍晚临近下班时间,忽然夏日的大雨在北京市民毫无心理准备的情况下猛然间落下,许多市民因为出行受阻而感到焦虑,于是在微博平台上,很多网友们开始讨论面对突如其来的大雨应该如何回家的话题,此时名叫"@地空捣蛋"的账号发出一条微博,内容为"北京今日暴雨,幸亏包里还有两只杜蕾斯",并在配图中详细介绍了自己如何将杜蕾斯作为鞋套进行使用的,两分钟后此帖子已经被一些微博大号主动转发并迅速扩散,截至深夜零点,此条微博的主动转发量已超过5.8万条,牢牢占据了2010年6月23日新浪微博转发排行榜第一名,之后的三天内,此条微博转发量超过了9万条。[1]在《超越营销:微博的数字商业逻辑》一书中,研究者陈刚、王雅娟对杜蕾斯的"杜蕾斯雨夜鞋套事件"给予了客观的评价,指出:"如果用传统媒体的传播来做对比,这次没花费一分钱广告费用的事件传播效果可以与CCTV黄金时间段的3分30秒广告的效果相媲美。"[2]在"杜蕾斯雨夜鞋套事件"中,"生活者"表面上看似是在以"润物细无声"的方式通过互联网平台转发与评论内容,实则是积极参与杜蕾斯品牌的协同创意与品牌共建,这显然为杜蕾斯品牌带来了裂变式的传播价值。

"杜蕾斯雨夜鞋套事件"这一案例是杜蕾斯团队鲜有的主动策划事件。在日常生活中杜蕾斯作为"生活服务者",更多的是通过与数字生活空间中的"生活者"进行有趣的互动,激发"生活者"创造的主动性,进而来扩大品牌的影响力。譬如,微博大号"@作业本"的怀孕事件,也曾成为杜蕾斯品牌与"生活者"进行协同共创的经典数字

---

[1] 陈刚、王雅娟:《超越营销:微博的数字商业逻辑》,第264页。
[2] 同上。

营销案例。微博大号"@作业本"曾经某日晚上十点之后发表了一条"今晚一点前睡觉的人，怀孕"的状态，这被杜蕾斯营销团队敏锐地捕捉到"怀孕"这一关键词，杜蕾斯营销团队主动与当时已有30多万粉丝的"@作业本"账号进行积极互动。微博大号"@作业本"作为数字生活空间中的"生活者"，与"生活服务者"杜蕾斯在互联网社交媒体进行有趣的互动互通，实际上在此过程中"@作业本"已经参与到杜蕾斯品牌的协同创意中，进而产生裂变式传播的效果。

四、协同生产："批量化与个性化"的定制

在数字时代"生活服务者"推行以"生活者"为中心的营销战略，并不是要思考"我还能生产什么？"，而是需要考虑"我们还能为'生活者'做些什么？"具体地讲，"我还能生产什么？"是大众传播时代企业所具有的商业思维方式；而"我们还能为'生活者'做些什么？"，则是数字传播时代"生活服务者"需要具有的新的商业思维方式。倘若要想了解"生活者"内心深处真实的想法与需求，"生活服务者"就需要与"生活者"在加强互动的基础上协同生产。

面对数字市场，"生活服务者"急需厘清市场发展现状与所面临的现实问题：首先，从市场发展现状角度分析发现，随着人类消费升级的进阶，"生活者"柔性化与个性化的需求日趋凸显，在此背景下"生活服务者"亟须提升优质制造能力，对接消费升级后的"生活者"群体。以中国为例，早在2018年，中国人均GDP接近1万美元，已属中上等收入国家，其中有两亿左右的人口已经越过或接近发达国家门槛，这一消费群体买东西不再只贪图便宜，而是追求更高性价比与高品质的消费。面对中国市场环境的变化以及"生活者"需求的个性化发展现状,"生活服务者"理应积极探索数字化转型,主动对接消费升级的群体。其次,从动态营销趋势角度分析发现,现如今互联网把"市场"与"生产"直接挂钩,"边设计、边生产、边销售、边消费"的实时性场景得以实现,互联网在中间起到至关重要的黏合作用,设计、生产、销售、消费全过程的动态营销,将原来分散的各个环节浑然一体。[1]那么,对于"生活服务者"而言,到底应该如何提升"生活服务者"的优质制造能力?为解决这一难题,以制造业为主的"生活服务者"应当对生产线做柔性化改造,进而减少品牌商的库存负担。

具体地讲,在传统商业环境下,从工厂生产出来的产品经过多级经销商与零售商,由于生产端与消费端之间的"中间环节"过多,所导致的问题是利润大头被"中间环节"拿走,信息传输过程中的误差和每个环节之间的利益冲突产生的额外成本,实际上最终都需要"生活者"来买单。基于以上分析,本研究发现在整个产业链条中,消除"中间环节"空间的大小,极大程度上决定了制造商与"生活者"的获益空间的大小。

然而,在当前新的商业发展环境下,在行业层面"生活服务者"所感受到的变化是,"小单快返"已经成为一种新兴商业发展趋势,其目的在于降低品牌商的损耗与商品库存的积压。在商业界,市场需求的多变加剧了品牌商的库存负担,对于"生活服务者"而言,只有

---

[1] 王方华:《管理者的思考:中国企业发展面临的挑战与机遇》,第33页。

把"先生再销"的B2C模式[1],逐渐转变成"先销后生"的C2M模式[2](图5.3[3]所示),才能在简化抑或去除"中间环节"的前提下消除库存的问题,提供个性化定制,进而使"生活服务者"实现更大程度的盈利。而在这一过程中,"生活服务者"需要增强互联网时代的"生活者"思维,借助大型互联网平台,根据互联网平台订单和"生活者"需求积极探索与践行柔性化生产,对生产线进行不同的排列组合以使成本最优,进而满足日趋消费升级的数字市场需求。笔者认为,迄今为止数字市场的柔性需求和"生活者"的个性化需求日趋增加,而对于以制造业为主的"生活服务者"而言,为满足"生活者"的个性化需求,"生活服务者"的柔性化生产是其未来发展方向。

值得引起注意的是,"批量化与个性化"的需求倒逼"生活服务者"在进行数字化转型的基础上,进行柔性化的生产。"生活服务者"如何了解"生活者"的需求?如何让"生活者"参与产品的协同生产?实际上,这是目前技术层面需要解决的重要问题,同时也是营销策略方面需要解决的关键问题,具体分析如下:

---

[1] "B2C(Business-to-Customer)模式",中文简称为"商对客",是我国最早产生的电子商务模式,以8848网上商城正式运营为标志。所谓的"B2C"模式就是企业(生活服务者)通过互联网为"生活者"提供一个新型的购物即"网上商店","生活者"通过互联网购买、支付。简而言之,"B2C"模式主要是借助于互联网开展在线销售活动。

[2] "C2M(Customer-to-Manufacturer)模式",中文简称为"客对厂",是继"B2C模式"之后兴起的一种新型的电子商务互联网商业模式,它的核心内容是"定制化生产",通过互联网将不同的生产线连接在一起,在最大限度上让利于"生活者",把"生活者"的定制要求直接下达工厂,去掉一切的品牌商、代理商和商场中间环节,将产品以裸价销售给"生活者"。这种商业模式的优点在于能够优化流通结构、节约商品流通环节的成本、实现消费品和居民生活品质的升级,是一种创新、协调、绿色、开放和共享的新型发展模式。

[3] 图5.3文献来源:李蓓蓓:《电子商务C2M模式的发展现状、阻碍及突破》,《商业经济研究》2018年第12期。

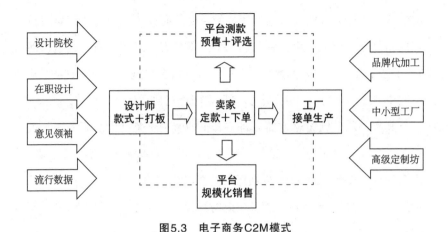

图5.3 电子商务C2M模式

首先,从技术发展层面而言,互联网技术的创新发展逐渐为"生活者"协同生产提供了可能性。陈刚在研究中指出,未来互联网技术发展的方向是"物的智能化"和"人的数字化",这将彻底改变现有的社会形态和经济形态,并最终推动数字计划经济时代的来临。具体而言,一方面,从"物的智能化"角度来讲,物品可以不断被智能化,使其具有获取信息、比较、分析、决策、学习、适应环境等诸多能力,并且通过互联网技术进一步控制关联物品;另一方面,从"人的数字化"角度来讲,不可忽视的是数字技术将人类的生活信息、生理信息、心理信息、情感信息等各个层面的信息关联到数字生活空间中,"生活者"成为所谓的数字生活空间中的"虚拟人",看似是"虚拟人",其背后实则是一个个真实的IP个体,"现实"与"数字生活空间"的界限变得模糊,二者愈加融为一体。虽然互联网所推动的社会变革正在以加速度的方式到来,但却并非一步到位,而是通过对传播方式、生活方式、生产方式的逐步改造完成的。电子商务"C2M模式"背后技术的精髓在于建立"生活者"和"生活服务者"之间的直接通道，而"物的智能化"和"人的数字化"的结合，将会更进一步推动数字生活空间中"生活者"与"生活服务者"之间进行协同生产。

其次，从营销策略方面而言，真正的营销不是"生活服务者"去卖某一个物品，而是要考察与了解"生活者"究竟需要"生活服务者"生产什么。在数字时代，"生活服务者"应该主动加强与"生活者"的沟通互联，放下原有的"高高在上的身段"，借助社会化媒体平台等多种互联网平台与渠道来了解"生活者"的诉求，根据其需求来激励"生活者"的参与行为。在经济学中，自20世纪上半叶以来，激励理论（Encouragement Theory）逐渐成为一个重要的经济理论，它是根据人的需求来建构的一套理论体系，激励理论按照形成时间及其所研究的侧重点不同，可以细分为内容型激励理论[1]、过程型激励理论[2]与综合型激励理论[3]三类。在激励理论的指导下，"生活服务者"可以通过制定激励"生活者"参与的可行性策略，从而助力实现协同生产。姚曦曾经在2014年的第二届数字营销传播研究与应用国际研讨会上，发表了"参与的激励：数字营销传播效果的核心机制"主旨发言，深入浅出地阐释了对于"激励生活者参与"策略的理解，认为"激励生活

---

[1] "内容型激励理论"是指针对激励的原因与起激励作用因素的具体内容进行研究的理论。内容型激励理论着眼于满足人们需要的内容，即"人们需要什么就满足什么"，从而在此基础上激起人们的动机。

[2] "过程型激励理论"认为管理过程的实质是激励，通过激励手段来诱发人的行为。该理论重点研究从动机的产生到采取行动的心理过程。

[3] "综合型激励理论"的特点在于该理论吸收了需要理论、期望理论和公平理论的成果，使原有的理论更加全面与完善。

者参与"的策略主要包括以下五个方面:一是让"生活者"有话可说,即通过生活化的内容营销让内容本身更加生活化,使得"生活者"感觉有话可说,且较轻松容易地参与互动;二是降低门槛,简化"生活者"参与的路径;三是善于运用技术与热点等方式来创新手段;四是通过提供奖励来满足"生活者"的利益;五是"生活服务者"需要实时与"生活者"对话,在打消"生活者"参与疑虑的基础上调动其参与生产的积极性。[1]综上分析发现,在激励理论的指导下,激励"生活者"参与互动的过程,实际上也是"生活者"与"生活服务者"协同生产的过程,对于"生活者"参与的激励逐渐成为保障数字营销传播效果的核心机制。

第三节 数字转型实践路径二:运营转型与"生活者"精准沟通

一、数据标签与"生活者画像"

近几年来,"生活者画像"(liver profile)这一专业名词,正在越来越多地出现在数字营销传播学术研究与实践研究领域。"生活者画像"本身是一个正在发展中的数字技术,它是将人类的生活信息、情感信息、生理信息以及心理信息等诸多层面的信息与"生活者"的上网行为特征融合起来,通过智能终端采集信息转变为数据,将其关联到数字生活空间。换言之,"生活者画像"实际上就是"生活者"的数

---

[1] 阳翼主编《数字营销传播:思维、方法与趋势》,第154页。

字化抑或"生活者"信息的标签化,"生活者"的数字化背后所蕴含的意义在于,它是借助数字技术进行不断升级迭代且通过互联网平台把人类规模化地联系起来。

"生活者画像"这一概念最早源于"用户画像"(persona/user profile)的概念,通过梳理分析,笔者发现"用户画像"最早是由被尊称为"交互设计之父"的美国软件设计师阿兰·库珀(Alan Cooper)提出。库珀曾经在《交互设计之路:让高科技产品回归人性》这本有关高新技术与软件的著作中,对"用户画像"进行界定,认为用户画像是从用户的行为数据中高度抽象概括出用户模型,企业通过获取用户的基本属性和行为属性,可以构建出自身产品或服务的目标用户特征,从而服务于企业产品的研发与市场营销。库珀所理解的"用户画像"是基于用户真实数据的虚拟代表,它是建立在真实数据之上的目标用户的模型。而"生活者画像"是在"用户画像"基础上,进一步衍生出来的一个更加具有学理性而非具有浓厚商业色彩的用语。基于以上分析,我们可以明晰"生活者画像"背后的逻辑所在,它是在数字技术支持下对"虚拟人"所进行的数据标签。

通常意义上,从归纳概括的角度对"生活者画像"的标签进行廓清发现,正如图5.4[1]所示,"生活者画像"主要包含六大维度:人口属性、信用属性、消费特征、兴趣喜好、社交信息、交互信息。倘若对以上六个维度进行剖析,我们会进一步发现,每一个维度的身后又可以划分为诸多更加细化的数据标签。譬如,信用属性具体包括"生

---

[1] 图5.4参考文献来源:权甜甜:《基于搜索数据的用户画像模型研究》,硕士学位论文,武汉理工大学,2018,第18页。图5.4在参考与借鉴以上研究的基础上,结合笔者的理解与思考绘制而成。

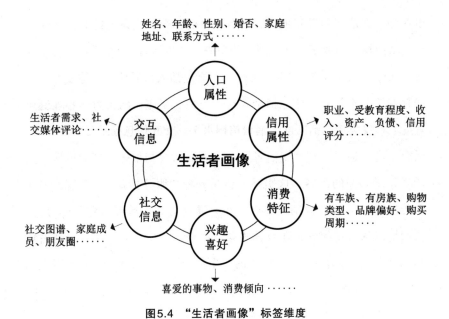

图5.4 "生活者画像"标签维度

活者"的职业、受教育程度、资产与收入等细化后的数据标签,而像"职业"标签这样的第三级标签下,又可以衍生出更加精准细化的数据标签。

接下来,本研究将以北京字节跳动科技有限公司开发的一款基于数据挖掘的推荐引擎产品"今日头条"后台的"生活者画像"为典型案例,对"生活者画像"进行具体分析。根据2019年6月统计数据显示,今日头条目前尚已形成较稳定的活跃人群,其中月活人数2.6亿,日活人数1.2亿,人均单日使用次数为12次;通过横向对比发现,今日头条的日活人数约为腾讯新闻的1.3倍,与此同时约为新浪新闻的3.2倍,显然在今日头条数字生活空间中生活的"生活者"数量,高于腾讯新闻、新浪新闻等其他内容平台。目前，今日头条已经对生活在今日头条所构筑的数字生活空间中的每一个"生活者"，在后台进行了各自相匹配的画像描摹，"生活者画像"既包括人口属性、兴趣爱好、消费预购等基本信息，还包括个人行为习惯、星座、购买力、心理健康程度、社交类型、活跃度、消费信用水平、交互信息等细分内容。"生活服务者"通过了解"生活者"的多方面情况与偏好，进而推送"生活者"感兴趣的内容，这实际上就是一种"服务传播"，与过去的大众传播有着显著的区别。迄今为止，通过对"生活者画像"的分析，我们可以深入了解到，在今日头条上的众多"生活者"中，男性占比和TGI[1]均高，其中19—35岁的"生活者"占比为七成，35岁以上的"生活者"TGI相对较高，"生活者"对于今日头条上的衣、食、住、行等行业相关文章的阅读量增长较快。

由此可见，大数据赋能使得"生活服务者"对目标人群进行精准画像成为现实。对于"生活服务者"而言，"生活者画像"可以有效地帮助"生活服务者"实现产品的高效精准营销，通过对大数据的收集与解码某种程度上可以破解"生活者"的终极秘密。

二、"生活者画像"背后的技术逻辑

"生活者画像"背后有着错综复杂的技术逻辑。通常意义上，数据收集（原始输入）、标签体系（事实数据）、行为建模（建模分析）与

---

[1] TGI（Target Group Index）是指目标群体指数，可反映目标群体在特定研究范围（如地理区域、人口统计领域、媒体受众、产品消费者）内的强势或弱势。其计算方法如下：TGI指数=［目标群体中具有某一特征的群体所占比例/总体中具有相同特征的群体所占比例］×标准数100。

构建画像（营销模型预测）是构建"生活者画像"的四个重要阶段。正如图5.5[1]中的内容所示，"生活者画像"的建构需要一系列极其复杂的技术分析过程。那么，如何基于大数据处理技术对"生活者"的海量数据行为进行深入挖掘，从而构建起面向"生活者"行为、兴趣偏好、人格特性与"生活者"情绪的大数据画像模型？这正是数字时代"生活者画像"落地服务领域的关键核心问题。在本小节中，笔者主要探讨的是"生活者画像"背后的技术逻辑。

首先，数据挖掘技术是"生活者画像"的基础性技术支持。对于"生活者画像"而言，其画像属性主要可以归纳为两大类，一类为静态属性，又可以称为"2D静态标签"；另一类为动态属性，亦可称为"3D动态标签"。具体地讲，静态属性是"生活者"的基本属性，2D静态标签主要包括人口统计特征中的人口属性和人格属性两个方面。正如图5.6[2]中的内容所示，葛晓鸣曾经针对"生活者"2D静态标签进行了更为细化的研究，在研究的基础上明确指出，人口属性主要包括自然属性与社会属性，人格属性具体包括人格倾向与人格特征。2D静态数据客观地体现出"生活者"在一定时间与地点上的关联性，这类数据本身以及数据背后的规律性相对容易获取。

与静态属性不同，动态属性即3D动态标签有其独特之处。3D动态标签是"生活者"的喜好属性，主要包括"生活者"的社交行为、消

---

[1] 图5.5参考文献来源：权甜甜：《基于搜索数据的用户画像模型研究》，硕士学位论文，武汉理工大学，2018，第19页。图5.5在参考与借鉴以上研究的基础上，结合笔者的理解与思考绘制而成。

[2] 图5.6参考文献来源：葛晓鸣：《基于"用户画像"模型构建的精准营销策略》，《辽东学院学报（社会科学版）》2019年第4期。图5.6在参考与借鉴以上研究的基础上，结合笔者的理解与思考绘制而成。

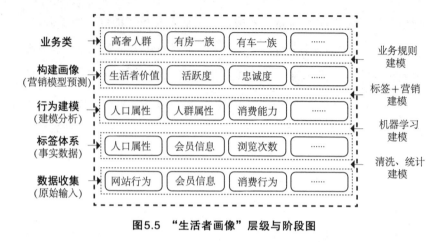

图5.5 "生活者画像"层级与阶段图

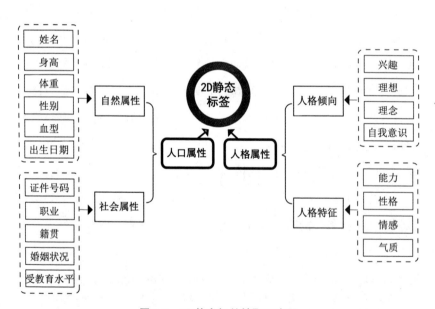

图5.6 2D静态标签抽取示意图

费行为（亦称"购物行为"）、使用行为（亦称"信息搜索行为"）、娱乐行为四个方面的"生活者"行为特征。如图5.7[1]中所显示的内容，3D动态标签这类动态数据是"生活者"在不同行为时刻所产生的数据，因此数据本身具有典型的随机性，且数据的获取难度与具有静态属性的数据相比而言难度较大，与此同时若对其进行建模分析可获得的信息量也更为丰富。

正如图5.8[2]中内容所示，在数据挖掘技术的支持下，数据的挖掘过程大体经历五个阶段，具体过程包括数据源采集、数据预处理（清理与集成）、数据变换（选择与变换）、数据挖掘（实验结果集）、表达与解释。在数据的挖掘过程中，研究者们通常所采用的技术方法为分类法、决策树分析法、关联规则法以及协同过滤法。具体而言，"分类法"是对消费与行为数据进行归纳分类分析的一种方法；"决策树分析法"是用来寻找提高顾客满意度和降低顾客流失率的方法，是一种直观的图解方法；"关联规则法"的提出最早是针对"购物篮分析"（Market Basket Analysis）问题提出来的，此种技术方法通常针对行为结果数据进行分析，找到紧密关联的行为并锁定行为主体；"协同过滤法"本身是建立在分类法基础上的一种方法，先将具有消费动向的"生活者"进行一定的归类，然后通过同类"生活者"的消费行为发生的概率预判目标"生活者"的消费行为。

其次，数学建模技术是"生活者画像"中技术抽象度最高的技术

---

[1] 图5.7参考文献来源：葛晓鸣：《基于"用户画像"模型构建的精准营销策略》，《辽东学院学报（社会科学版）》2019年第4期。图5.7在参考与借鉴以上研究的基础上，结合笔者的理解与思考绘制而成。
[2] 图5.8参考文献来源：赖学胜：《基于海量零售数据用户画像的推荐算法研究》，硕士学位论文，浙江理工大学，2018，第7页。

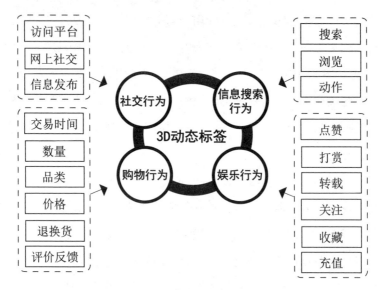

图5.7 3D动态标签抽取示意图

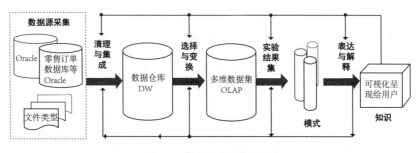

图5.8 数据挖掘的过程图

支持。所谓的数学建模技术,是将真实的"生活者"通过抽象分析从而转化为数学模型,是"生活者画像"技术中最为复杂抽象的技术,同时也是极为核心重要的一种技术。根据不同业务需求所建立的"生活者画像"模型存在差异。目前,国内外研究者已经提出了多种"生活者"模型的表示方法,其中最为主要的且具有代表性的"生活者"模型建构方法共有四种:第一种是基于数理统计分析的表示方法;第二种是基于主题模型的表示方法;第三种是基于加权关键字的向量空间模型的表示方法;第四种是基于本体的表示方法。下文将对四种模型建构方法进行详细分析:其一,陈树栋[1]曾经对"生活者"消费行为的"生活者画像"技术进行研究与探讨,并对"生活者画像"中的数学建模技术进行翔实的阐释,认为所谓的"基于数理统计分析的表示方法"是通过计算出数据的数字特征、数据中随机变量的相关性以及数据样本的分布,对数据进行归纳、整理、分析与描述;其二,"基于主题模型的表示方法"是通过数理统计的方法来分析寻找文档的主题;其三,"基于加权关键字的向量空间模型的表示方法"是使用"生活者"的特征维度和对应权重构成的向量,来对"生活者"进行表示;其四,"基于本体的表示方法"是对"生活者画像"的标签维度进行提取,从而进行标签本体的构造,通常而言这类数学建模方法需要数学与数据研究领域内的专家来进行配合共同完成。

再次,个性化推荐技术是"生活者画像"落地的重要技术。倘若说上文笔者所论述的数据挖掘技术与数学建模技术是"生活者画像"的前端与中端技术,那么个性化推荐技术则是"生活者画像"的终端技术。个性化推荐技术不仅在商业界得到广泛应用,而且在学术界也引起研究者们的关注。通过进行历史性的回溯,笔者发现:早在1995年的美国人工智能协会上,卡耐基·梅隆大学和斯坦福大学的

---

[1] 陈树栋:《基于用户消费行为的用户画像技术研究》,硕士学位论文,华南理工大学,2018年,第6—7页。

教授分别提出了个性化系统Web Watcher与LIRA，从此之后关于个性化推荐技术的研究得到进一步的聚焦与推动发展。通常意义上，从宏观视角归纳分析发现，基于"生活者画像"的精准推荐算法主要包括两种重要的方法，分别为：基于知识的精准推荐方法与基于协同过滤的精准推荐方法。葛晓鸣[1]曾经对于"生活者画像"的精准推荐算法进行了翔实的分析，认为"基于知识的精准推荐方法"是指当基于大数据的"生活者画像"建立以后，营销人员可以知道"生活者画像"中高频出现的标签，从而根据标签由系统自动完成商品推荐；而"基于协同过滤的精准推荐方法"最早始于亚马逊借助图书推荐系统所取得的巨大成功，该方法可以根据"生活者"购买或评价过的商品匹配到相似的商品，推荐给有相同爱好与需求的"生活者"。通过具体分析，本研究进一步发现："基于协同过滤的精准推荐方法"主要包括基于生活者的协同过滤精准推荐（Liver CF）[2]、基于商品的协同过滤精准推荐（Item CF）[3]以及基于主题模型的协同过滤精准推荐

---

[1] 葛晓鸣：《基于"用户画像"模型构建的精准营销策略》，《辽东学院学报（社会科学版）》2019年第4期。

[2] "生活者的协同过滤精准推荐"（Liver Based Collaborative Filtering Recommender Systems，简称"Liver CF"）是指在一个个性化推荐系统中，是在"生活者画像"模型的基础上，寻找"生活者"之间的相似性，当一个"生活者"A需要个性化推荐时，可以先找和他有相似兴趣的其他"生活者"，然后把那些其他"生活者"喜欢的且"生活者"A没有听说过的物品推荐给"生活者"A。在整个推荐过程中，共用到两种技术，分别为相似度计算（找到和目标"生活者"兴趣相似的"生活者"集合）与构建推荐矩阵（找到这个集合中"生活者"喜欢的，且目标"生活者"没有听说过的物品推荐给目标"生活者"）。

[3] "基于商品的协同过滤精准推荐"（Item Based Collaborative Filtering Recommender Systems，简称"Item CF"）可以通俗地理解为倘若两个商品具有相似性，如果"生活者"浏览或购买过一个商品，则可以向他推荐另一个商品。商品的协同过滤精准推荐需要基于user-item计算各个item之间的相似性，然后进行推荐，大概分为两步：第一步是计算任意两个item（任意两列）之间的相关性，找出每一个item（转下页）

(Model CF)[1]三类推荐方法,以上推荐方法的研究出发点与侧重点不同。

最后,机器学习技术从利用"数据相关性"来解决问题逐渐过渡到利用"数据间的因果逻辑"来解释问题。早在2017年,中华人民共和国国务院在《国务院关于积极推进"互联网+"行动的指导意见》中已经将"人工智能"推上国家战略层面,此后人工智能在中国掀起了新一轮技术创新的浪潮,其创新成果与经济社会各领域深度融合。实际上,近十余年以来,中国相继出台了一系列与人工智能相关的政策为人工智能的发展保驾护航。其中,清华大学中国科技政策研究中心在撰写《中国人工智能发展报告2018》时,共检索到自2009年以来与中国中央级人工智能政策相关的文献202篇。正如图5.9[2]中内容所示,人工智能政策文献的出现与国家顶层制度的设计和出台息息相关且密不可分,政策的保驾护航掀起了世界各国人工智能研究的热潮。迄今为止,如表5.3[3]中内容所示,全世界范围内以中国、美国、欧盟、德国、英国、法国、日本为代表的诸多国家和地区,已经意识到人工智能技术在人类社会长远发展中的重要性,并纷纷成立支持人工智能发展的相关政策制定部门,提供财政经费来建设相应的科研机构,其

(接上页)最相关的k个item;第二步是根据每一个客户已有的item,推荐和他已有的item最相关的item。

[1] "基于主题模型的协同过滤精准推荐"(Model Based Collaborative Filtering Recommender Systems,简称"Model CF")是在主题模型的协同过滤算法的基础上,挖掘文本的潜在语义信息,从而在主题的层面上建立文本模型。

[2] 图5.9文献来源:清华大学中国科技政策研究中心编《中国人工智能发展报告2018》,2018年7月,第64页。

[3] 表5.3文献来源:清华大学中国科技政策研究中心编《中国人工智能发展报告2018》,2018年7月,第59页。表5.3在参考与借鉴以上研究的基础上,结合笔者的理解与思考绘制而成。

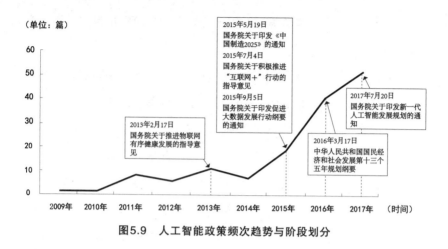

图5.9 人工智能政策频次趋势与阶段划分

目的在于促进本国人工智能技术和人工智能产业的发展。

作为人工智能的核心,机器学习本身是一门多领域交叉技术,具体包括多项机器学习技术,譬如强化学习技术、迁移学习技术、分布式学习技术、元学习技术等诸多前瞻技术,这些技术专门用来研究计算机怎样模拟或实现人类的学习行为,从历史经验中获取规律抑或在模型的基础上,获得新的知识或技能,并将其应用到新的类似场景中。在国际人工智能人才的投入中,根据《中国人工智能发展报告2018》中的统计数据分析发现:从研究方向上看,机器学习领域人才投入量最多,其次为数据挖掘领域人才(图5.10[1]所示)。目前各种机器学习技术尚处于方兴未艾状态,存在"喜忧参半"的现状。具体地讲,一

---

[1] 图5.10文献来源:清华大学中国科技政策研究中心编《中国人工智能发展报告2018》,2018年7月,第33页。图5.10在参考与借鉴以上研究的基础上,结合笔者的理解与思考绘制而成。

表5.3 世界各国（地区）人工智能政策的推动力量

国别	推动力量 （制定政策及提供资金）	后续新设或新加入机构
中国	国务院； 国家科技体制改革和创新体系建设领导小组； 科技部	人工智能规划推进办公室； 新一代人工智能战略咨询委员会（科技部与有关部门推进项目实施）
美国	国家科学技术委员会NSTC； 白宫科技政策办公室OSTP； 国家预算办公室	机器学习和人工智能小组委员会（隶属NSTC）（帮助协调联邦在人工智能领域的活动）； 人工智能工作组NITRD（Networking and Information Technology Research and Development）（确定人工智能研发为联邦的战略重大计划）； 人工智能特别委员会（Select Committee on Artificial Intelligence）（协助NSTC提高联邦人工智能相关的研究与发展的整体效率）
欧盟	欧盟议会法律事务委员会European Parliament（JURI）； 欧盟委员会European Commission（EC）	欧洲机器人协会euRobotics； SPARC； European Robotics Technology Platform（EUROP）；European Robotics Network（EURON）
德国	联邦政府Bundesregierung； 联邦教育研究部BMBF； 联邦经济部BMWi； 德国工程科学院acatech	德国人工智能研究中心DFKI； 德法人工智能联合研究中心； 学习系统平台； 工业4.0平台
英国	工程和物理科学研究委员会EPSRC； 皇家工程院Royal Academy of Engineering	RAS领导委员会； 国家人工智能研究中心； 英国AI理事会（AI Council）； 开放数据研究所（ODI）； 皇家统计学会（RSS）数据科学部门； 工业代表-TechUK； 人工智能全党派议会小组
法国	法国议会； 法国国家信息与自动化研究所； 法国数字委员会； 法国国防采购机构（DGA）	AI伦理委员会； 准备创立评估环境影响的平台机构，构建AI绿色价值链
日本	面向未来投资官民对话会议	人工智能技术战略会议，作为国家层面的综合管理机构，其下以总务省、文部科学省和经产省三省协作方式推进人工智能的技术研发及应用

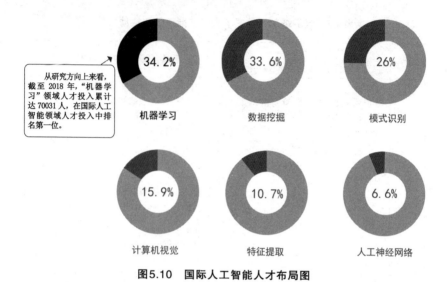

图5.10　国际人工智能人才布局图

方面，机器学习技术已取得可喜的突破，机器和人类在很多复杂认知任务上的表现已在"伯仲之间"；另一方面，机器学习领域仍然存在着巨大的挑战，譬如主流的机器学习存在计算成本很高的问题等。那么，对于"生活者画像"研究而言，研究者需要趋利避害地运用机器学习技术。迄今为止，机器学习普遍高度依赖基于数据相关性习得的概率化预测和分析，机器学习技术有必要从利用"数据相关性"来解决问题逐渐过渡到利用"数据间的因果逻辑"来解决问题，在此基础上让机器学习更加具有可解释性和可干预性，从而让机器学习技术来反哺人类的具体实践应用。当前，在人工智能技术研发与科研成果方面，中国已走在世界发展的前列，根据《第43次中国互联网络发展状

第五章　回归现实：打破概念僵硬的自我封闭性

图5.11　"生活者画像"技术群

况统计报告》[1]中的数据显示：截至2018年11月，中国人工智能相关专利申请量已超过14.4万件，占全球申请总量的43.4%，在人工智能领域相关专利申请数量方面中国位居全球首位。

综上所述，基于上文的分析与论述，从而进一步印证"'生活者画像'背后有着极为复杂与抽象的技术逻辑"这一观点，技术的不断创新发展是促进"生活者画像"精准化发展的基础。正如笔者所绘制的

---

[1]　数据来源：中国互联网络信息中心编《第43次中国互联网络发展状况统计报告》，2019年2月，第99页。

《"生活者画像"技术群》(图5.11)中的内容所示,迄今为止,在数字时代数据挖掘技术、数学建模技术、个性化推荐技术与机器学习技术共同构成"生活者画像"背后的重要技术群,不同技术之间相互耦合,与此同时又有其存在的相对独立性。正因如此,技术的发展与加持促进"生活者画像"的日趋精准化,从而更好地服务于商业应用以及"生活者"的日常生活。

三、"生活者"精细化运营成为重要研究课题

互联网技术的发展对广告与营销传播领域产生了重要的冲击和影响。在商业界,如何通过营销传播技术手段有效触达企业的潜在"生活者",传播企业的产品与品牌信息,并将"生活者"数据沉淀到企业的数据管理平台中,从而实现"生活者"精细化营销即精准营销(precision marketing)[1],为"生活者"提供更加人性化的服务,这是企业利用互联网平台的核心思想与战略新思维所应思考的问题。在学术界,对于"如何对'生活者'进行精细化运营",已成为研究者们所关注的热门议题。

全球技术的变化导致传播方式的变化,传播链中的"人""媒体""信息"三要素中,媒体要素发生的巨变势必会引起另外两个要素的变化。[2]在传播学研究领域中,对于人的研究是一个重要的研究领域。在数字时代,无论是人的数字化、物的智能化还是内容的数据化,其中居于核心位置的理应是人的数据即"生活者"数据,它是各类数

---

[1] 所谓"精准营销"(precision marketing)是在充分了解"生活者"信息的基础上,针对"生活者"偏好,有针对性地进行"点对点营销"。
[2] 阳翼主编《数字营销传播:思维、方法与趋势》,第156页。

据价值挖掘和利用的核心。实际上,"生活者"以及"生活者数据化"概念的提出,不仅是对此种技术趋势的概括,也是对人的整体性和丰富性的全面肯定。那么,具体到数字营销传播领域,笔者认为,"生活服务者"面对生活在数字传播环境中的"生活者",理应看到对"生活者"精细化运营的价值所在,利用"生活者画像"技术实现对产品与服务的高效精准营销。其中,程序化购买广告是与传统人力购买方式相对应的新型广告购买模式,它是在充分地利用大数据技术的基础上实现广告与营销的精准投放。

[案例5-2]:笔者问:您比较乐于接受或者喜欢什么样的广告营销形式?被访谈人A8-CZH回答:文章的形式,比如微信公众号里面的信息。给您推荐一个特别搞笑的微信公众号"顾爷"(A8-CZH边说边在她的手机微信公众号中找到了"顾爷"的公众号并给笔者截图下来进行展示)。顾爷是一个研究西方与中国绘画的人,他是特别逗的一个人,之前出了很多的书。美术史本来很无聊,他是用非常有趣的形式来讲,把所讲的美术史的内容和广告结合起来。比如,在顾爷的一篇文章中,在讲述贵妇应该如何搭配首饰时,他将贵妇的首饰搭配与中世纪的绘画相结合起来。我一点都不讨厌顾爷在卖什么东西,我很接受这种形式。我觉得顾爷背后肯定有团队来进行运作,他写的书我也看过。访谈者追问:您曾经买过顾爷的书吗?A8-CZH:我朋友买过顾爷的书,后来我也借过来读了读,书的内容浅显易懂,没有学过美术史的人都能够看懂。他是以故事性的形式进行写作的,很容易接受。很多人喜欢看轻松愉悦的、调侃的内容而不是学术的,丢给我一

本美术史读的话有点苦涩，也很容易记不住。总而言之，顾爷的公众号还有他的书我都喜欢，如果在他的微信公众号或者书中带有广告，我都能接受且不反感。（受访者A8-CZH，女，30岁，高校教师，广西北海）

被访者A8-CZH是一个爱好艺术与美妆的文艺女青年，而微信公众号"顾爷"中所推荐的有关服装搭配的广告与西方绘画方面带有趣味性的内容，深得A8-CZH的喜爱。由此可以进一步地映射与印证出，"生活者画像"不仅是一套科学的营销方法，与此同时也是一套行之有效的营销实践工具。"生活者画像"是建立在真实的"生活者"基础之上，"生活者画像"的出现可以让营销人员能够"零"距离地洞察"生活者"的切身需求，耐心倾听与咨询"生活者"所想，并敏锐地捕捉到每一个影响"生活者"购买决定的心动瞬间。

在中国，如今的"生活者"群体特别是中青年消费人群，普遍喜欢通过数字社交媒体渠道来接触与了解产品。"生活服务者"倘若想与"生活者"拉近距离，就要找到恰当的交流平台，并针对不同的细分人群推送出具有差异化的产品，而对于"生活者"人群而言，则需要对其进行归类且建构数据化的标签，进而实现数字化精准营销。目前，部分研究者指出，中国原有的三大互联网巨头企业BAT[1]时代已经结束，已迎来新型三大互联网巨头"三足鼎立"的ATB[2]时代，中国互

---

[1] BAT分别指的是百度（Baidu）、阿里（Alibaba Group）、腾讯（Tencent）三大中国互联网巨头企业。
[2] ATB分别指的是阿里（Alibaba Group）、腾讯（Tencent）、字节跳动（ByteDance）三大中国互联网巨头企业。

联网行业布局发生新的变革。字节跳动发展势头强劲，成为全球关注的焦点。字节跳动是全球最早成立的 AI 技术内容平台，同时也是最早将人工智能应用于移动互联网场景的科技企业之一，字节跳动旗下研发的"今日头条""抖音""西瓜视频""火山小视频"等客户端，通过海量信息采集、深度数据挖掘和"生活者"行为分析，为"生活者"智能推荐个性化信息，同时在此基础上可以实现产品的高效精准营销。对于传统制造业企业而言，倘若与字节跳动建立长期的战略合作，可以推动传统企业数字化转型，实现双方共赢发展。迄今为止，京东集团也是"生活者"精细化运营的典范，京东本身拥有丰富优质的"生活者"人群画像和"生活者"消费行为数据，同时京东隶属于腾讯系。通过相关数据显示，腾讯社交广告能够提供二十多种定向方式，包括 1000 多个"生活者"标签，并且可以实现跨屏追踪，不容否认的是京东的"生活者"数据能够助力传统企业业务增值，进而实现产品与服务的高效精准营销。

第四节　数字转型实践路径三：数字资产与"生活者数据库"建设

一、"生活者数据库"的价值所在

大数据不仅是人工智能、云计算等高新技术的重要支撑，同时兼具创新性与巨大能量的大数据正在悄然改变人类社会的政治、商业以及"生活者"消费行为。在数字时代，无论是传播方式、生活方式还是生产方式的变化，由于它们共同的基础是"数据化"，那么"数据化"将成为它们之中核心的理论概念，它不仅是传播方式的载体，同时也是生活方式和生产方式的重要基础。简言之，在数字时代"数据化"是人类传播方式、生活方式与生产方式三者互相勾连的根基。在此背景下，对于"生活者"概念的理解需要从更多的维度剖析，同时也应该从更为基础的维度展开。

具体地看，所谓人的数字化是指互联网把人规模化地联系起来。笔者曾经对从事互联网运营设计的资深ue/ui设计师B8-MXL进行深度访谈，在访谈中B8-MXL指出："在数字时代，数据是非常关键的，像抖音就是拥有生活者的生活喜好习惯等数据，从而推送给大家喜欢关注的一些内容，'喂'其所好，吸引生活者。因此，生活服务者应该建立更加精确而且全面的数据库。"目前，在商业界正在发展的技术是"生活者画像"技术，人类的生理信息、心理信息、生活信息、情感信息等各个层面的信息将其关联到数字世界，形成"虚拟人"。譬如，字节跳动对于今日头条内容平台上的每一个"生活者"都在后台对其进行"深描"，并在此基础上勾勒出各自相匹配的画像，通过了解"生活者"各个方面的兴趣与偏好，进而推送"生活者"感兴趣的内容，这是一种"服务传播"，与过去的大众传播有着非常大的区别。因此，面对互联网所带来的挑战，在原有理论体系面临缺乏解释力的困境下，我们人类需要重构现有的理论体系，重新认识"生活者"数据的价值所在，并积极建立"生活者数据库"。

在创意传播管理理论中，研究者将企业积累的与"生活者"相关的数据库定义为"生活者数据库"。具体而言，所谓"生活者数据库"就是技术人员将人类的生活信息、生理信息、心理信息、情感信息等各个层面的信息关联到数字世界，并进行集中性的数据化储存、建模与分析。那么,人类所面临的现实问题是:应该如何建立"生活者数据库","生活者数据库"的建立需要经历哪些环节与过程?

"生活者数据库"的建设需要经历三个关键性的环节。首先,"生活者数据库"的建立必须通过依赖于数字挖掘技术对"生活者"进行识别。在数字生活空间中,迄今为止人类可以通过PC端的Cookies[1]与移动端的IMEI码[2]或IDFA标识符[3]等机器唯一识别码,或者是通过微博、微信、QQ等账号体系,对个体"生活者"进行追踪和识别,在对"生活者"追踪与识别的基础上,实现对"生活者"线上活动轨迹、行为历程的记录,并以数据的形式进行储存。其次,对数据进行针对性的归类分析,即通过数据能够还原每一个"生活者"个体的特征,认识到这个个体到底是谁、有着怎样的特点,形成个体"生活者画像"。再次,根据个体"生活者画像"被标记的特征还可以将个体进行分类,对相似的人群进行识别与描绘,形成群体"生活者画像"。最后,对数据进行深入的建模分析,数据管理平台(Data Management Platform,简称"DMP")通过对数据的采集、清洗,利用数据建模、归因分析等方式,形成并输出"生活者"的标签与画像,并最终提供给企业进行进一步的应用,以实现"生活者"数据的商业价值。

---

[1] Cookies是数据包,它可以让网页具有记忆功能,在某台电脑上记忆一定的信息。"Cookies"一词用在程序设计中是一种能够让网站服务器把少量数据储存到客户端的硬盘或内存,或是从客户端的硬盘读取数据的一种技术。
[2] IMEI(International Mobile Equipment Identity)本身是国际移动设备识别码的缩写,通常俗称为"手机串号""手机串码""手机序列号",用于在GSM移动网络中识别每一部独立的手机,IMEI码相当于手机的身份证号码。
[3] IDFA(Identifier for Advertising)是广告标识符,一个跟device相关的唯一标识符,可以理解为广告ID,它是Apple公司提供的用于追踪用户的广告标识符,可以用来打通不同App之间的广告。

对于企业而言，当积累了活跃度高的"生活者"和优质数据后，每个"生活者"的长期价值开发不仅成为可能，而且这种价值具备非常大的潜力，数字营销传播在积累数据和沉淀"生活者"数据上的这种新变化，从根本上来说是对传统营销传播的一种超越，从而形成了一个新的逻辑，这个新逻辑的核心是"生活者"，这是在传统逻辑中从未出现过的。[1]基于以上分析发现，在数字时代，以"生活者"为起点的新的逻辑正在形成，"生活者"数据的商业价值不容小觑，在"生活者"数据的基础上，建立可以便于统一管理与应用的"生活者数据库"具有现实的迫切需要性。

二、资产沉淀："生活者"数字资产的沉淀

信息哲学领军人、牛津大学哲学与伦理信息教授弗洛里迪在书中写道："数据是一种资产，是一种待挖掘的资源……也许有一天，我们将会成为'数据富翁'。"[2]对于"生活者数据库"的建设过程，是"生活者"数字资产不断积淀的过程。从本质上来看，"生活者数据库"建设的动机与动力，更多的是受到商业利益的驱使。如图5.12中内容所示，研究者们普遍认为，根据数据来源的不同可将"生活者数据库"具体划分为三类，分别为"第一方数据""第二方数据"和"第三方数据"。无论是"生活者"的数字化、物的智能化还是内容的数据化，其中居于核心位置的应当是人的数据即"生活者"数据，这是各类数据价值挖掘与利用的核心。

---

[1] 陈刚、王雅娟：《超越营销：微博的数字商业逻辑》，第174—175页。
[2] 〔意〕卢西亚诺·弗洛里迪：《第四次革命：人工智能如何重塑人类现实》，王文革译，第17页。

第五章　回归现实：打破概念僵硬的自我封闭性

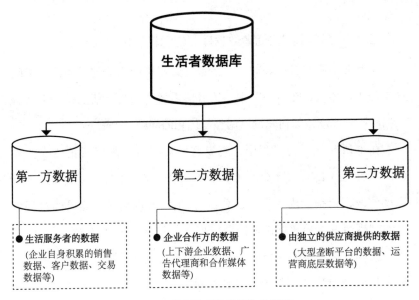

图5.12　"生活者数据库"的解构

值得注意的是，在数字时代"生活者数据库"的形成并非一蹴而就，而是一个不断累积与沉淀的过程。那么，在当下以及未来"'生活服务者'应该如何进行'生活者'数字资产的积累"，这一问题的解决变得日趋重要。通常意义上，对于"生活服务者"而言，数字资产的沉淀经过以下发展历程：起初，"生活服务者"需要参考"第二方数据"或者"第三方数据"，对企业的目标"生活者"抑或潜在"生活者"进行分析与挖掘；随后，随着"生活服务者"有意识地持续性地积累"第一方数据"，"生活服务者"在此基础上方可慢慢建立起自己独有的"生活者数据库"，从而实现其数字资产的积累。

三、深度耕耘:"生活者数据库"的深耕优化

在上文中研究者已经对"生活者"数字资产积淀的过程进行了阐释与分析。那么,在本小节中,笔者所需要解决与厘清的是"生活者数据库"到底应该如何建设、调整与优化的问题。

在本研究开展的过程中,笔者曾经对广告与数字营销传播业界C2-YNN、C3-JNC、C4-QZ、C6-ZXQ、C9-LYZ、C16-XWX等人进行深度访谈,营销业内人士普遍公认,"生活者数据库"建设的过程就是对"生活者"的数据进行挖掘、积累、分析与深度耕耘的过程,对于数据的挖掘、积累、分析与深度耕耘是"生活者数据库"建设所需要经历的必要环节。其中,笔者在对C16-XWX进行深度访谈时,被访谈者着重强调:"建立'生活者数据库'非常重要,就以我们业务为例,'生活者'基础信息的甄别、'生活者'行为轨迹、'生活者'的消费频率分析,对于产品的更新迭代甚至未来产品的规划、技术的发展起到决定性作用,毕竟经济基础决定上层建筑,利润的增长才能刺激技术的变革。"由此可见,对"生活者数据"进行深度耕耘,将对经济发展与技术变革具有重要推动性。从宏观层面上对"生活者数据"的类型进行划分,主要可以分为"结构化的生活者数据"与"非结构化的生活者数据"两大类别。而对于"结构化的生活者数据"与"非结构化的生活者数据"的积累与沉淀,正是"生活者数据库"建设的题中之义。

总的来说,"结构化的生活者数据"又可以称为"生活者数据库数据",该数据库中数据的每一个维度的含义都非常清晰,具体包括

Oracle数据库[1]数据等。相反,"非结构化的生活者数据"所具有的显著特点是数据结构具有不规则或不完整性,且没有预定义的数据模型,此类数据具体包括各种文件、图像、视频、语音等多种类型的诸多数据。与"非结构化的生活者数据"相比较而言,"结构化的生活者数据"在当今的信息系统中占据着最为核心的位置。在数据分析的过程中,"非结构化的生活者数据"的分析难度相对较大,笔者认为,在未来此类数据的发展与可研究空间更为广阔。

通常情况下,数据会经历从"产生—使用—消亡"这样一个完整过程的管理,这正是人类对于数据生命周期的管理。而所谓的"数据生命周期管理"(Data Life Cycle Management)是一种基于策略的数据管理方法,同时也是一种在数据输入与数据销毁的整个生命周期中管理数据的方法,它主要用于管理信息系统的数据在整个生命周期内的流动过程。[2]具体地讲,数据的生命周期流动过程包括从数据的创建和初始存储,到数据的过时被删除。数据生命周期管理同样也是"生活者数据库"建设与管理的一个重要方面。

四、未来展望:从"生活者数据库"到"超级数据库"

在人类历史发展长河中,从纵向历时性的角度来看,技术的发展对驱动社会发展与人类进步起到重要的作用。在众多的技术之中,互联网是离共产主义更近的一个技术。那么,到底应该如何理解"互联网是离共产主义更近的一个技术"?

---

[1] Oracle数据库(Oracle Database)是甲骨文公司推出的一个数据库管理系统。
[2] IBM:《什么是数据生命周期管理?》,https://www.ibm.com/cn-zh/topics/data-lifecycle-management,访问日期:2022年9月9日。

从长远发展的角度来看，人类所处的整个社会一定是渐进性地进步与发展的。从目前"生活者"所处的数字时代以及未来发展趋势分析，可以预见在不久的将来"生活者"针对自身需求各取所需，"生活者"所需要的东西"生活服务者"会给予他们，这正是今天互联网所体现出的规模化与个性化的显著特征，而在过去的工业社会这一点显然是做不到的。现如今，人类所拥有的物质产品比以往任何时期都更加丰富，虽然在世界各地还存在贫穷的人口，但是从人类社会生产能力的视角来分析，现有的物质产品某种程度上可以满足所有"生活者"的需求。

在工业社会，由于受到技术所限抑或是囿于固有传统思维存在故步自封倾向，企业不知道"生活者"到底需要什么，也不知道"生活者"在哪里。那么，从技术的角度来进行分析发现：以陈刚为代表的研究者指出，互联网是离共产主义更近的技术，互联网的出现打破了原有的人类社会信息不对称的困局，在数字技术的创新驱动下，不断地推进与实现人类社会信息的对称化。而此处所提及的"共产主义"，本身是一种共享经济结合集体主义的政治思想，主张消灭生产资料私有制，建立一个没有阶级制度与剥削压迫、实现人类自我解放的社会。换言之，"共产主义"是社会化集体大生产的社会。互联网技术的发展在打破了原有的人类社会信息不对称的困局的同时，向社会化集体大生产的社会方向迈进了一步。因此，从这个角度可以说，"互联网是离共产主义更近的一个技术"，人类的命运从来没有像今天这样通过数字技术如此紧密相连，人类信息传播从闭塞抑或隔绝正在大踏步走向开放和融合，这已经成为不可阻挡的时代潮流。

在互联网技术发展的过程中，"生活者数据库"的建设是基于技

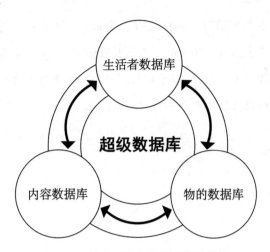

图5.13 未来"超级数据库"的建构

术层面与未来发展层面的考量,它是各类数据价值挖掘与利用的核心。在"生活者"数据建设的发展过程中,一部分研究者指出,倘若能够进一步发展出便于储存数据的可穿戴设备,则可以使人类更快地成为"数据源",从而实现对人类的所有行为与需求进行分析管理。可以想象在未来,手机可能会被其他物质抑或物品所取代,"生活者"在日常生活中有可能拥有插入芯片的可穿戴设备,甚至有可能人类的身体被植入芯片或特殊物质,那么一切传播问题皆可通过这个芯片来解决,"数字生活"同"现实生活"将会在现有的基础上更进一步融为一体。

在未来的发展中,人类并不能够仅仅拘泥于对"生活者数据库"的建设,人的数字化、物的智能化以及内容的数据化都应该是数据库建设所应该考虑的范畴,在不久的将来"超级数据库"建设才是人类数据库建设的终极目标。具体地讲，正如图5.13所示，"超级数据库"实际上是与"生活者"相关的"生活者数据库"，与"生活服务者"相关的"内容数据库"，以及基于物联网的物物相连的"物的数据库"的大集合，亦可以称之为数据库的大融合。

后　记

　　2023年恰逢北京大学广告系成立三十周年，在我的老师陈刚教授的指导下有幸出版这本书，是对北大广告系成立三十周年的献礼，同时也是一名学子对北大广告系三十周年的致敬。本书的出版是笔者多年来对"生活者"研究议题进行关注与研究的阶段性总结，"生活者"研究议题是对于在数字生活空间中生活的人的深层次关怀和学理研究。在本书的写作过程中，对"生活者"研究议题的好奇心与学术热情驱动我不断往前走，一路走来得到身边诸多师长的鼓励、指导和帮助，这份鼓励与帮助如同前进道路上的照明灯指明我前进的方向，感激之情时常温存于我心中，并成为促使我继续走下去的前进动力。

　　首先，书籍的出版离不开陈刚教授的悉心指导。实际上，"生活者"议题的选择和研究初衷深受老师的启发，某种程度上可以说是老师相关研究的延伸和探索。在陈刚教授面前，我时常存有敬畏之心与感恩之情。敬畏之心来自我对导师基于深厚哲学积淀所具有的解释力、判断力与预测力的钦佩，导师深邃的目光下蕴藏着极具智慧的洞察力，在学术之路上因钦佩产生的敬畏之心时刻鞭策着我不断地反思和前进。感恩之心则融入日常的点滴小事中。

在日常生活中，陈刚教授是一个幽默而紧跟时代步伐甚至某种程度上可以说是一个具有超前思维的人，"90后"甚至"00后"所熟悉的语言和感兴趣的事物，我的老师仿佛都了如指掌，而我这个性格稍有些内向与行动滞后的人，往往有些跟不上其步伐；生活中的导师更像我的父亲，老师和我的父母同龄，在其目光下时常会感受到父亲般的温暖、关注与期望。在学术研究中，导师仿佛又由之前的一位"幽默的朋友"变成了一个"严肃的智者"，其对于学术的严谨态度时常让我反思自己学术的愚钝，承蒙老师对我这样一个愚钝的学生不离不弃，悉心地在本书的写作过程中给予指导并在关键环节进行批评与鞭策。

其次，在"生活者"研究议题的具体研究与写作过程中，非常荣幸我能够得到诸位前辈的帮助与指点。在此，对北京大学的陆绍阳教授、程曼丽教授、祝帅教授、吴靖教授、胡泳教授、陈开和教授、王维佳教授、史学军副教授，中国人民大学倪宁教授，首都经济贸易大学杨同庆教授致以衷心谢忱！

从本书的构思、初稿到最终完成书稿的过程中，感谢诸位前辈为我提出的中肯写作指导与修改建议，也正是各位的帮助让我可以在较短的时间内更加清晰地认识到自己研究中的不足之处，在各位的指导下我对本书进行了不断的修改、打磨与完善。感谢北京大学出版社高桂芳、李书雅编辑，仲伟娟老师耐心认真地帮助校对书稿。感谢中央民族大学青年教师方晓恬、首都师范大学青年教师刘一玮、北海艺术设计学院青年教师崔自慧，在学术研究的道路上我们已成为无话不说的好朋友，在本书写作的日子里我们互相分享着自己的喜悦与焦虑，在一次次的促膝长谈中增加战胜困难的信心，不断努力前进，相信这份友谊会不断延续下去。感谢山东大学同事们在学术研究与教学实践中对本人的悉心关怀与无私帮助。同时，我的学生聂可心、朱海琳在书稿校对的阶段给予帮助，在此表示感谢。

本书的写作与完成与"刚门"大家庭有着密不可分的关系。在漫长的求学深造与学术研究的道路上，我有幸加入"刚门"大家庭，这是一个充满温暖与青春朝气的大家庭，感谢各位师兄、师姐、师弟、师妹的鼓励和支持。特别要感谢董婧师姐、孙美玲师姐、石晨旭师姐、卿婧师姐、王成文师兄、沈清师兄、刘志一师兄、唐圣瀚师兄、刘磊师兄、曾腾师兄、潘洪亮师兄、王素君师兄等；感谢我的师弟师妹谢佩宏、李赞、陈颖、付涵、曲韵、张梦鸽、宋子节、吴尹君、田丹迪、周洁、夏佳鑫、郑江浩和其他同门在多次重要研究环节中的帮助与鼓励，使得我能够将精力更多地集中在学术研究之中。

最后，在本书即将付梓之际，还需特别感谢接受我采访的98位被访谈者，其中包括本人在日本访学期间的师长以及参加中国广告产业发展"十三五"规划实施情况中期评估项目期间赴北京、上海、黑龙江、四川、湖南等省份调研时有幸遇到的广告学界前辈、业界精英以及生活在数字生活空间中的普通生活者，是各位认真的态度与耐心的回答才使得我书中的一手资料更加翔实。感谢山东省社会科学规划研究项目的支持，在我主持开展"数字创意产业发展路径与内在逻辑研究（21DWYJ10）"项目的过程中，使我对数字时代的"生活者"理解得更加深刻，并将新的思考与最新研究成果写入书中。文中的部分章节曾作为独立的论文发表在《广告研究》（又称《广告大观（理论版)》)中，但均未收入此前笔者的其他专著或文集，在此谨向《广告研究》表示衷心的感谢。

在学术研究的道路上，本人深知自己学术水平与实践阅历还存在不足之处，希望本书对于"生活者"的研究能够起到抛砖引玉的作用，衷心希望后续能够有更多志同道合的科研工作者参与"生活者"议题的深入研究。

2023年8月12日
于山东大学洪家楼校区